U0925544

芈月成长笔记

彭娇妍/著

江苏人民出版社

图书在版编目（CIP）数据

芈月成长笔记 / 彭娇妍著. -- 南京：江苏人民出版社，2016.1

ISBN 978-7-214-11888-2

Ⅰ. ①芈… Ⅱ. ①彭… Ⅲ. ①芈月（？~前265年）—传记 Ⅳ. ① K827=31

中国版本图书馆 CIP 数据核字（2015）第 301946 号

书　　名　芈月成长笔记
著　　者　彭娇妍
责任编辑　朱　超
装帧设计　浪殿飞扬设计
版式设计　张文艺
出版发行　凤凰出版传媒股份有限公司
　　　　　江苏人民出版社
出版社地址　南京市湖南路1号A楼，邮编：210009
出版社网址　http://www.jspph.com
　　　　　http://jsrmcbs.tmall.com
经　　销　凤凰出版传媒股份有限公司
印　　刷　北京中印联印务有限公司
开　　本　718毫米 ×1000毫米 1/16
印　　张　12.5
字　　数　156千字
版　　次　2016年3月第1版　2016年3月第1次印刷
标准书号　ISBN 978-7-214-11888-2
定　　价　32.80元

前言

我是大秦国的王太后芈月，是秦惠文王的八子、秦昭襄王的母亲。是你们无比崇拜，并且一直争论不休的那个女人。

或许，你会惊讶于我的存在，还会好奇地问我：“你不是生活在数千年前的王宫里么，怎么会有如此闲暇，肯走下王位，来到我们这里，与我们如此亲密地对话呢？”

的确，你与我，一为远古，一为现代，彼此相隔千载，距离实在是太过遥远。其实，不论何时何地，你与我，昨天与今天，都只是不同的历史时空里，被光阴重复的相似过往。

春秋战国，是一个纷争四起，人人都想将对方吞没，人人都想将对方据为己有的混乱年代。作为秦国的王太后，大秦国实际的掌权者，除了我的丈夫秦惠文王、我的儿子秦昭襄王，几乎每一个人都要虔诚地匍匐在我的脚下，尊称我为王太后，与我笑脸相迎，对我无限地顶礼膜拜。

每一天，每时每刻，我都被形形色色的人包围着。我虽是别人命运的主宰，决定着他们的一切。可是，在他们的内心里，作为女人的我，却因为从事了他们所从事的事业，成为了他们眼里的沙。

在男人眼中，女人不过是他们的一件衣裳，可以随意丢弃、随意送人，是可以任意蹂躏的附属之物。就连他们使用的文字，也充满了对女性的歧视。例如，古文字篆书中的“淫”字，起首的偏旁便是个“女”字，意为万恶的淫，罪在女人。而这一切，却是淫了女人的男人们强加给我们的。

不论我做如何努力，也换不来他们的一丝笑脸。他们理所当然地享受着我的赠予，却依旧在内心对我无比鄙视。他们骂我狠毒，说我妩媚惑主，并

称，我身为女人，不该如此堂而皇之地涉足本属于男人的天下。更有甚者，为了既得的利益，亦在无时无刻不在设法要取了我的性命。因此，我的生活如履薄冰，稍稍的疏忽，我便会跌下万劫不复的深渊。

对于别人的非议，每每闻之，我只能一笑了之。为了保证我的儿子嬴稷能坐稳王位，人民利益不受损害，大秦的疆土不被诸侯列国掳掠，秦国能早日东出天下，我只得使出浑身解数，舍弃一切不该拥有的，用尽心思地与他们周旋。

其实，每一个人，贵为人主也好，贱若蝼蚁也罢，都有一条属于自己的路。只是，这条路不论坎坷还是平坦，都要靠自己来走。

女人如水。

女人，有水一般的柔情，更有海一般的博大。

这个世界如果没有女人，只剩下男人，生活便是寡淡的。人类的繁衍、社会的进步，亦将无从谈起。

自打降临人世，我们的生命便在父母的时刻关注下成长；后来嫁作人妻，成为人母，我们的生命便一分为二，一半留给父母，另一半则倾注于丈夫和我们的儿女身上。当我们为之付出了青春，耗尽了年华，也如消逝了水分、即将凋零的花朵一般，容颜不再了。

在时光的砥砺下，曾经的我已在岁月的轮回中化作一粒尘埃，成为时光的轮轴上一个小小的印痕。

为了你们不再重复我曾走过的老路，更加自强、自尊、自爱，所以，我想和你们聊一聊，聊一聊在那个以男人为主宰、处处是蛮荒、遍地是诱惑的混沌世界里，我是如何安身立命的。

目录

目

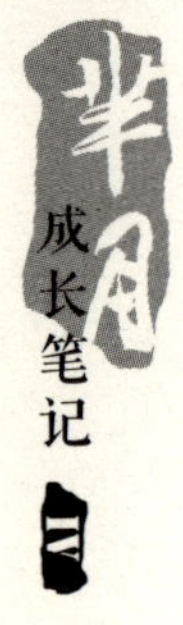

第三章 才智 · 畅游宦海当如鱼儿

芈月说："男人的后宫里，名分和地位才是立足的根本。"

第四章 守业 · 自信才是永恒的春风

芈月说："我的前半生虽然靠在男人身上，其实，没有男人同样也能傲然独立。"

第五章　梦想 · 心有多大舞台便有多大

芈月说："任天高云阔，任逍遥自在，朗朗乾坤有心做伴，便有鸢飞鱼跃。"

第六章　情爱 · 有一种爱是高山河谷

芈月说："未遇大王前，我只知儿女情长。步入王宫，我方知这个世上还有比儿女私情更为宽广的高山河谷。"

第七章　襟怀 · 走自己的路，让别人说去吧

芈月说："不念过去，不畏未来。一切都是过眼云烟。"

第一章

修身

出身不等于命运

芈月说："我虽在王族，但却贱若幽草，且曾一无所有。"

楚国"宗女"

出生只是命运的开始

我们不能选择命运，但却可以选择人生。

有的人抱怨命运不公，总是令自己低若尘埃；有的人在等待命运，总是企望着命运之神会突然降临在自己身上。

人是社会动物，人的出生只是生命的过程里一抹初始的颜色。

不要报怨，也无需等待。只要后天肯努力，肯付出，命运总会在不断的实践中有所改变。

如果，我生来便是一介贫民，从来不知富贵为何物，更不曾跌入生活的谷底，去体味那寡淡的人情，不勤奋、不努力、不自强，不敢在逆境里抗争，那么，便不会有现在的我。

平凡的我也会和普通百姓家的女孩子一样，嫁一个平常的男子，生养几个儿女，白天和丈夫一起在田间劳作，待到夕阳西下，再在满院的鸡犬声中，升起袅袅炊烟，直到终老。

可是，命运之神却偏偏不这样安排。生命的初始，我也曾有过一片光明的天空，我沐浴其中，茁壮地成长。但是，仅仅数载光阴，这一切的美好，便在转瞬间离我而去。

我生在风景秀丽的长江畔。父亲魏琼原是楚国的县尹，掌管全县百姓的生活与簿籍。虽然他的官职不大，但他为官清廉，勤政爱民，深得当地百姓爱戴。

从小，父亲便对我们姊妹管教甚严。刚满五岁，父亲便教我在竹简上学写字体飘逸的楚国简书。稍大一些，父亲又将我和弟弟们送到县里的博士官那里学习《孝经》《论语》《诗经》，以及制茶知识等课目。因为父亲和博士官的悉心培养，我的学业日渐精进。不满十岁，我的诗与书便已名冠县城了。

幸福的时光，总是如昙花一般一晃即逝。随着郑氏的进门，我的家——那个原本安宁的幸福之所，便戛然而止了。

父亲为人忠厚，多才多艺。掌管王室宗族之职的三闾大夫郑楼赏识其才，想将他拉到自己的营下，便将自己的远亲——一位失了父母的侄女郑氏送给父亲做小。

起初，和母亲成婚多年的父亲一直婉言谢绝。并称，母亲贤良，家中有一妻已足矣。可是，说者位高权重，他的一句话便能决定父亲乃至整个家族的前途命运。况且，在那个遥远的年代，男人娶妾是身份和能力的象征。为了仕途，为了整个家族的命运，父亲在一番推托之后，还是用一乘小轿将郑氏娶回了家。

郑氏刚进门时，恰逢母亲生产。

那时，母亲刚刚生了我的弟弟魏戎，尚在月子里的她还来不及高兴，父亲纳妾的消息便接踵而至。尤其是当母亲听说父亲娶回来的是一房年轻貌美，并且颇有背景的女人时，便伤心不已。

人前，母亲虽然装作一副若无其事的模样，可在人后，被人夺了丈夫的母亲，却恨不得将郑氏及和郑氏有关的东西统统扔出去。并憎恨父亲不信守诺言，恨男人见异思迁，更恨郑氏年轻，家中平白又增添了一张吃饭的嘴。

另一方面，因为家里与楚国的大族沾了亲，父亲的仕途确实更加通畅了。就在郑氏与父亲成亲后不久，父亲果然连升三级，成了楚王宫里的侍从官，专门掌管楚王侍从的人员安排。

父亲步步高升，荣华富贵也一并而至。为了得到好处，父亲所辖范围内的人，无时无刻不在设法接近父亲。那些与父亲不相往来的远亲、故旧，见父亲荣升高位，也纷纷借各种各样的理由与父亲走动。

逢年过节，父亲的同僚、府衙的卿客，更是想方设法给父亲送钱送物。一些附庸风雅之辈为了讨得父亲的欢喜，当着父亲的面极力夸赞我的母亲静淑贤良，万里挑一；夸母亲生的孩子魏戎乖巧伶俐，实可谓“人中之龙”。因为沾了父母的光，身为家中长女的我，也被人客气地称为魏家大小姐，并被人赞为“人中之凤”。

家，富贵荣耀；家中的我，无忧无虑，幸福无比。可是，家中的人却因女人的醋妒而战火不断。

郑氏年轻貌美，已近而立的父亲便渐渐忽略了母亲的存在。而母亲为了保住女主人的地位，便时常以正妻的身份，对郑氏进行训诫。她不仅令郑氏向自己行三叩九拜的家长之礼，还要求她每日为自己端茶奉水，令她到茶园里劳作，并从事担水烧柴、浆洗衣物之类的重活。

母亲的吩咐，郑氏咬着牙一一照做了。可是被人看着不顺眼，纵使做得完美无瑕，也是别人眼里的刺。郑氏越是逆来顺受，母亲越如火上浇油，不是故意掀翻郑氏手里的茶，就是责怪郑氏奉来的水太凉或太烫。

母亲的故意刁难，做了小的郑氏只得含着眼泪，苟且偷安。不料有一天，当母亲再一次苛责郑氏时，恰巧被父亲撞见了。

夫妻俩因此大打出手。在相互撕扯中，父亲的胡子被母亲拔掉了一大半，脸上和身上还挂满了伤。有好几日，被母亲抓伤的父亲都不敢出门，更不好意思到府衙去。但是，母亲的哭闹，也令失了面子的父亲对她越离越远。

其实，女人又何苦为难女人呢！没有哪个女人愿意同别人一起来分享自己的丈夫，将自己的幸福拱手让于他人；更没有谁心甘情愿地成为他人的附属之物，卑微地屈居他人之下。况且，妻妾共侍一夫是被那个时代所认可的。不管是母亲还是郑氏，她们只能痛苦地接受。

虽然，母亲和郑氏一直在为能够多得到些父亲的宠爱而彼此憎恨，但是有父亲的存在，这个风波不断的家，依然是我们姐弟的温暖港湾，我们的生活依然衣食无忧。

可是上苍总爱掳走人世间的一切美好。命运最初的那抹殷红，很快就变成了黯淡的灰色。

我十二岁那年，父亲在一次外出执行公务时，因为淋了雨、受了些风寒，回家后便一病不起。

起初，父亲的病，家人以为只是普通的风寒感冒，便在乡里简单抓了几服发热驱寒的药。

岂知，几服药下去，父亲的病非但没有好转，反而越来越严重了。他的头疼得越来越厉害，仅仅几天时间，便变得昏睡不醒，全身上下还出现了一块块铜钱大小的红色斑点。

父亲很快撇下我们撒手人寰，郑氏因为与父亲寸步不离，也感染了同样的病症，并在不久也随父亲而去了。母亲则因为伤心过度，也从此一病不起。

突如其来的变故，犹如晴天霹雳，击打得我们姊妹猝不及防。

家，因为顶梁柱的猝然离去，在顷刻间轰然倒塌了。曾经，在这个温暖的家里生活的三个孩子，也一夜之间成了失去羽翼的雏儿，再无着落。

在旁人眼中，父亲病故以后，魏家算是家道中落了。那些先前同我们笑脸相迎，且时常出入于府上的阿谀奉承之辈立刻变了脸，那些曾经设法和我的父母连宗攀亲的“亲人们”也不见了踪影。府上的仆人们见我们拿不出工钱，也一个接一个地不辞而别。

现实是如此残酷，我们姊妹三人只得抱头痛哭。

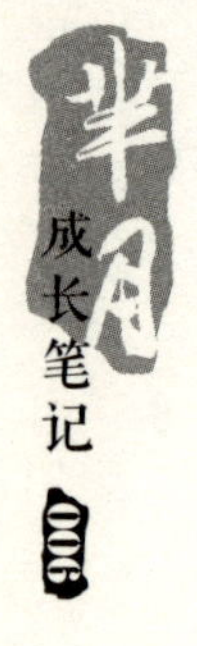

可是，全家人需要吃饭，病重的母亲需要医治，两个年幼的弟弟还要继续完成学业，摆在眼前的事一件接一件，我逃不掉，绕不开，作为长女的我已别无选择。

我不得不遣散了仆人，将家中值钱的器物一一变卖了，给母亲治病。由于家中只出不进，渐渐地，我们只得靠四处举债来维持生活。

而至亲们见我的父亲亡故了，怕借出去的钱有去无回，便先是只给少许的米粮或衣物做打发。再后来，见我们频繁来借，便开始冷脸相向，对我们躲闪不及。

不仅如此，族中的人见我们孤儿寡母，家里的两个男孩子又还年幼，还打起了我们家产的主意。

起先，这些族人好言好语地对我说，要我们将家中唯一的经济来源——祖上留下的数亩茶园归到他们的名下，由他们替我们保管。我们知道，一旦将茶园交给他们，必然有去无回，便一口拒绝了。

族人们见好言不成，便干脆雇来盗匪，对我们轮番恐吓。我们最终不得不搬出原来的家，流落街头。

因为悲愤交加，母亲的病更加严重了。两个弟弟虽想抡起拳头同他们反抗到底，但毕竟年少，不是他们的对手。

幸而，郑氏的宗亲三闾大夫郑楼亲自过问了此事，并派人驱走了匪徒，令族人们乖乖地返还了属于我们的田产、房屋，我们的生活才得以维系。

先富后贫，由尊贵的人上人到落魄的社会最底层，如此的角色转换，令我痛苦不已。也许这就是我的命，命运的斤量只给了你薄薄的几钱，纵使如何努力，也无力更改。

正在这时，曾经教授过我知识的博士官找到了我家，为我们送来了口粮，同时还有一卷无字的青竹简。

博士官年近六旬，满头白发。平素他一脸严肃，除了教授我文化知识，其余时间寡言少语。但是，当博士官走进这个败落的家时，他的脸上却满是和蔼，他先是询问了母亲的病情，然后摸了摸两个弟弟的头向我淡然地道："周文王拘于羑里数载，而精心致力于《周易》，只有经得起逆境考验的人，才能成为真正的强者。"

博士官的雪中送炭，令我们姊妹无比感动。确实，博士官的话一点也不假。"天将降大任于斯人也，必先苦其心志，劳其筋骨，饿其体肤，空乏其身，行拂乱其所为，所以动心忍性，曾益其所不能。"一个有所作为的人，非是经过一番大苦大难，便不会成长，更不会成熟。初涉人生的磨砺，是成功的路上迈步的垫脚石。这句话，也成了我此后的人生中，每遇困难时，便在心中默念的座右铭。

博士官的鼓励虽然令我感激不已，但是，那时的家已经无任何经济来源，纵使我有再大的决心，依然寸步难行。

博士官知道我们的难处，便教我如何盘活现有的资源，并努力寻找改变现状的机会。

经过博士官的指点，我们重新拾起了从族人手中夺回的茶园，并用春、秋两季的茶叶换得我们生活的基本保障。

此后，又经博士官的周旋，我的两个弟弟分别被送入县城的武馆习武，我则在管理茶园的同时，继续在博士官的私塾里读书学习，这样一学就是五年。

有时，困境也是一种机遇；有压力才有前进的动力。

遭遇了如此变故，我便知晓了人世的艰险，明白了何为世态炎凉。此后，我所走过的每一段路，不论是柳暗花明，还是峰回路转，我都能在困境中保持一颗沉静的心，泰然处之。

一朝入秦

机会需要等，更需要准备

机会向来垂青于有准备的人。

机会其实就在我们的身边。要想改变命运，就要善于在等待中给机会制造来临的时机。比如，不断地提升自我，不断地学习，不断地用知识改变自己的境遇。唯有如此，机会来临时，我们才能将其牢牢抓住。

家中突然遭此变故，作为长姐的我，不得不担起父母的责任。尽管生活艰辛，但是我和我的两个弟弟，依然不忘学习。

乱世之秋，拥有强劲的自身实力才是征服他人的根本。我的母国楚国，在近三百年里，曾兼并六十多个小国，疆域面积从曾经西部的黔中、巫郡，东部的夏州、海阳，一直到南部的洞庭、苍梧，北部的汾陉之塞、郇阳，面积达五千余里，拥有甲士数百万，战车千乘，坐骑万匹，可谓富甲中国，被列为“春秋五霸”、“战国七雄”之首。

彼时，各国都在用征战的方式扩大自己的利益。故而，尚武的时代里，人们也变得个个尚武，个个都企望着用高超的武艺来改变命运。我的两个弟弟也不例外。

他们从小便在父亲的教导下习武，不仅有着扎实的基本功，而且还在习武馆里历练数载。年少的他们也想重振家风，借此出人头地。他们习武格外卖力，弟弟魏冉虽然个子精瘦，但他手脚灵活，可以轻松撂倒数名壮汉。

为了生活，还未及成年，他们便早早地离开了武馆，混迹在郢中城街头的各个演武台上，靠陪别人练武为生。

只是，习武、比武，毕竟是一件非常危险的事，我不是担心他们打伤了别人，就是担心他们被别人所伤。因此，我每日都在为他们的生命安危而提心吊胆。

这日，我的异母弟弟魏冉照例早早地出了门。从博士官处修完学业的我，也带着雇来的工人到茶园里去劳动。

虽然早春的茶场空气清新，山间云雾缭绕，翠绿如画，可是不知为何，就在我到达茶场后不久，我的心便开始一阵胜过一阵地狂跳。

偌大的茶场里，我总是预感着有什么不祥的事情要发生。所以，手里的活计也在频繁地出错。莫名的焦虑中，漫长的上午快要过去了，我篓子里的茶叶，也尽是些老的茶叶梗或老得发了黄的叶片。

时间就这样一分一秒地捱着。

果然，未时刚过，雇工陈叔伯就急匆匆地从山下跑了来。他一边跑一边大喊着："月儿，月儿，你快回去吧，家里出大事了，你弟弟魏冉和人比武时打死了人，现在被官府抓去啦！"

闻听此言，我的双腿一软，差点从山上滚了下去。旋即，我顾不得卸下田里的行头，一路飞奔到郢中城里的事发地。

只见街尽头的演武台早已人去楼空，附近的摊点也是一片狼藉。

见我怔怔地站在那里，一个衣衫褴褛、头发蓬乱的小乞丐走过来悄悄地告诉我："魏冉已被官兵抓进了楚王宫，事主昭阳正扬言要杀了他，为自己的侄子昭雄报仇呢！"

一听"昭阳"二字，我的心不由得为之一紧。此人虽是楚国的上柱国，掌管全国军事，且随楚威王一路南征北战，立下过汗马功劳。但是他性格蛮横，心胸狭窄，睚眦必报。弟弟落在他的手上，恐怕是

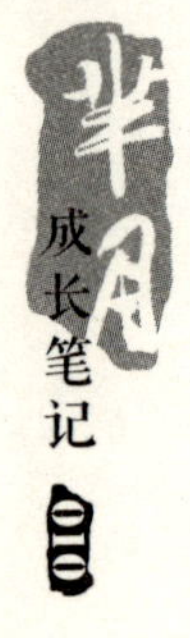

凶多吉少了。

我焦急万分，只好去请魏冉的生母郑氏的宗亲三闾大夫郑楼出面调解。

郑楼得知消息后，以最快的速度赶了来。为了搭救魏冉，他用钱买通了楚王宫里的宫人，并直接找到了楚威王的宠妃吕姬。

吕姬与郑楼原是堂姐弟，对魏家的遭遇也略有所闻。吕姬感念娘家哥哥往日善待的恩情，更同情在魏家做小的郑氏的遭遇，便特地令宫人将我领到楚威王的面前，去与昭阳对质。

就这样，一介布衣的我，生平第一次到了楚王宫，见到了威严的楚威王，见识了楚王宫的碧瓦琼楼。

当着楚威王的面，有了吕姬做后盾，底气足了不少的我便理直气壮地与昭阳争得不可开交。

在原告与被告的争执里，如同法官一般准备判断弟弟与昭雄孰是孰非的楚威王，俨然成了我与昭阳的看客。

高高的王位上，他侧着身子，倚在龙椅上一言不发。尤其在看到眼前的当事人之一是一位妙龄女子时，他好色的老毛病又犯了。

楚威王双眼瞪得溜圆，并探着身子，一直盯着我发愣。至于声泪俱下的我说些什么，以及趾高气昂的昭阳如何对我恶言相向，楚威王一概充耳不闻。

我不经意间的一回眸，便发现了楚威王那双在我身上扫视的眼睛。

从未见过此情景的我，脸上顿时红一阵白一阵。虽然那高坐在王位上的人，是楚国的一国之主，无数苍生的命运也尽掌握在他的手中。但是，我厌恶这样的眼神，仿佛这样的眼神落在我的身上，便成了无数的蚊蝇，令我的思想也一并变得腐朽了。

如此的不适中，我同昭阳的争吵口气也一并软了下来。不料，楚威王在殿上的一幕，却被帘后的吕姬看得一清二楚。已经在参与朝政的吕姬见状气愤不已，便故意在帘后大声咳嗽，以示提醒。

可楚威王看我似乎已看得入了迷，直到宦官俯着身子在他耳边催促了数次，并向他说清了事情的来龙去脉，同时言说此刻宫门外有秦国的国相张仪急于求见时，眼里放着光的楚威王才从我的脸上回过神来。

很快，身负秦王之令来与楚威王交涉的张仪也进到了楚王宫。原本，秦国国使来见，先来一步的我理应退下了。可是，正当我起身准备离去时，半靠在王位上的楚威王却直起身子干咳了两声道："这个叫什么月的姑娘，你的事容本王想想，就先在这里候着吧。"

楚威王的话，令我心头一喜，这似乎是一个好的生机。于是，为了不使弟弟成为昭阳的刀下鬼，茫然不知所措的我便硬着头皮，成了楚威王的旁客，依然跪在他的身边，听着国相张仪、楚威王，以及又换了一副面孔的昭阳等人一并商议国事。

国相张仪本是魏国贵族后裔，曾与苏秦同师于鬼谷子先生，学习权谋纵横之术。他饱读诗书，满腹韬略。

自打张仪进了宫，整个楚王宫的气氛也顿时凝成了冰。剑拔弩张的昭阳，此刻脸拉得比以前更长了。

原来，昭阳与张仪也是不共戴天的仇人。此前，曾在鬼谷子处学习纵横之术的张仪学业期满，回到了魏国。但因家境贫寒，求事于魏惠王不得，才远去了楚国，投奔在楚国令尹昭阳门下。恰巧，昭阳因曾率兵大败魏国，得到了楚威王赏赐给他的和氏璧。昭阳喜好炫耀，一次在与门客饮酒作乐时，他将和氏璧拿出来在人前炫耀。结果，大家传来传去把和氏璧传丢了。昭阳见张仪一身寒酸相，便一口咬定是张仪偷走了，遂对其严刑逼供。张仪被打得遍体鳞伤，不得不含恨离开了楚国，后在秦惠文王的重用下，成了秦国的国相，为秦王尽心效命。

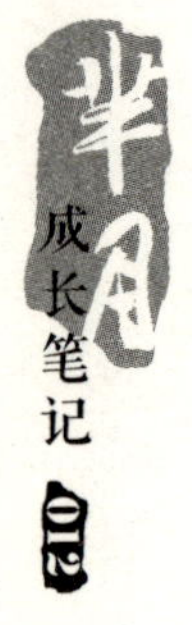

此际，远在中原的战场上，秦国早就做好了攻打齐国的准备，因为担心已经结了盟的齐、楚两国会合纵攻秦，才派了张仪前来游说。

曾经是自己的门下卿客，如今已是与自己平起平坐的国相。如此迁升，令一向趾高气昂的昭阳极为不服。而张仪在昭阳处所受的无端羞辱，更使两人的关系成了解不开的死结，整个会谈由此也显得火药味十足。

尤其是当张仪对楚威王说："秦王念及与楚国往日的交情，想与楚国联姻，以此来巩固两国关系，共谋发展"时，昭阳更是一脸冷笑。

一听"联姻"二字，楚威王的眉头也为之一皱。而在帘帷后面的吕姬一听说楚王要将自己的公主送到别的国家去，便忍不住从帘后冲了出来，娇嗔地向楚威王求情。

张仪见吕姬也掺和了进来，生怕楚威王反悔，便赶紧回道："大王此言差矣。敢问大王，若真是挑衅，我秦国何必要派一位国相亲自前来。若真要宣战，就不会对你这么客气了。"

楚威王、张仪、昭阳一干人喋喋不休地争执，一直从下午争到了晚上。而跪在一旁的我，也这样一直陪着他们，直到夕阳西下。

只是，令我没有想到的是，本是秦、楚两国的争论，却将没有任何干系的我，也一并卷了进去。

由于争论的焦点是秦、楚两国联姻一事，而前来求亲的张仪只希望楚威王派一名女子出使秦国嫁给秦王为妃，这样身为秦国国相的他，也算完成使命了。

只是，将楚威王的亲生女儿送往异邦，不要说吕姬不愿意，就连楚威王自己心里也是一万个不情愿。

昭阳显然看出了楚威王的难处，又愤愤地瞪了一眼跪在一旁的我，便向楚威王谗言："久闻魏家女相貌出众，知书达礼，才名和诗名在楚国城里也早已人尽皆知。请她代楚王的女儿出使秦国，可是我楚国之福啊！”

我情知昭阳是在公报私仇，想要反驳，可我又担心这样会使弟弟罪加一等。于是，当大家将目光一齐聚拢在我的身上时，不知该如何作答的我，只得将身子俯得低低的，一言不发。

经过先前的一番打量，楚威王眼里的我，生得眉清目秀，皮肤白皙如雪，模样还算标致。将这样的我送入异邦，虽非大富大贵，但也不至于失了他楚王的面子。

在吕姬的一番温言软语下，楚威王从王位上站起了身，用同样冷漠的口气回复张仪："今日散朝，待本王考虑周全了再给你答复！"

事情的变化是如此之快，就连先前一直扯着脖子、叫嚷着要让我弟弟魏冉血债血偿的昭阳也始料未及。既然楚威王亲自发话了，昭阳也不敢再多言，只得将所有精力都转移到与秦国的外交手段上。

吕姬见楚威王对我垂涎欲滴，生怕我因此夺了楚威王的宠爱，于是，在送我入秦一事上，她也表现得格外卖力。而浑然不觉的我，就这样阴差阳错地成了楚国的公主。

为了尽快化解两国的危机，次日，我便被宣进了吕姬的寝宫。那时，我额头着地，俯着身子，跪在吕姬的面前，听着吕姬用细言慢语的口气对我吩咐："如果你肯嫁到秦国去，解了楚国的危机，不仅你弟弟魏冉的死罪可免，大王还将赐你们'芈'姓，今后，你我便是亲姐妹。"

"芈"姓，本是楚国的国姓。如此殊荣，恐怕是常人求都求不来的。只是，由富贵人家的大小姐，到落魄的贫民宗女，再由贫女宗女一跃成为楚国的公主、秦国的王妃，命运的改变是如此之快，这着实令我有些措手不及。

那时的我，父母双亡，除了两个弟弟，再无其他亲人，亦无所牵挂，简单得如同一张白纸。能够报效国家，且能救得弟弟的性命，对我而言，或许这才是对我最好的安排。

临行前，满是愧疚的魏冉泪流满面地跪在我面前忏悔。他后悔不该与昭雄这样的人纠缠不清，不该意气用事害了我。

嫡亲弟弟魏戎也在竭力劝阻。同样不舍我就此远去的他，情愿代魏冉去坐牢，任凭楚威王发落，也不愿让我去冒此大险。

“福兮祸所伏，祸兮福所倚。”个人的恩怨，和国家的利益相比，小小的我又算得了什么呢！

更何况，路虽然渺茫，但只要勇敢地往前走，总有希望。

卑微八子
低谷时走好每段路

车辇载着秦、楚两国从此世代友好的国书，以及成了友好使者的我，在通往咸阳宫的路上飞驰。

由于我出身寒微，加之又是楚威王临时选来的“冒牌公主”，所以在去秦国的路上，不论是随行的人，还是护送的侍卫，几乎个个一言不发，人人各怀心事。除了国相张仪偶尔与我搭讪，几乎个个对我的存在视而不见。

不过，如此的清冷里，却给了我思绪肆意纷飞的时间。

车辇的后方，家乡的影子与我渐行渐远。因为思念而起的淡淡忧伤，一如道路两旁没有尽头的荒凉田垄。这里，没有故乡江南水暖的温润，亦无灵秀的绵绵青山。但那延绵至天际的黄土，还有流淌在黄土高原奔腾不息的黄河水，却无时无时不在向我这个待嫁的新娘，显示着它雄强伟岸的男儿气象。

对于未来，我毫无准备。不知那个即将成为我的丈夫、身为秦国一国之主的他长得是什么模样；不知同样为王的他，是否也和楚威王一样贪婪好色；他的后宫里，是否也有着如吕姬那样心机重重、野心勃勃的女子？秦国的女子是否也和楚国的女孩儿一样，个个针黹纺织，人人采茶制茶？

后宫，向来是权力与争宠的是非之地。而我，生性简单，不擅与人争长短，更无心功名利禄。如此卑微的我，能否在这个陌生之地站稳脚跟？能否讨得秦王的欢喜，不至于在冷落与孤寂中空度余生？对此，我一再地告诫自己：不论身在何时何地，都要放下一切应该放下的，宽容地对待一切，如此方能保得现世安稳。

伴着我繁杂的思绪，沉沉的夜幕也在不经意间悄然而至。

墨一般的漆黑里，我们进入一片茂密的山林。这里是楚国的边境，再往前行数里，便是秦国的地界了。目的地越来越近，我本就不安的心也越来越紧张了。

正在心神不宁之际，一阵长长的马嘶声和刀枪的厮杀声突然从车队的后方响了起来。一场翻天覆地的颠簸中，马车连人一起翻在了路边。原来，两个弟弟担心我一路的安全，便在楚威王的默许下，在暗暗一路护送我入秦。昭阳得知魏冉也在送亲的队伍中，便派人一路跟踪着，准备伺机报复。

黑暗中，有备而来的昭阳不费吹灰之力便擒住了魏冉。芈戎（即魏戎，因楚威王赐"芈"姓，故称芈戎）和随行人员为了保护我的安全，一边从翻了的马车里找到我，一边护着我与他们拼杀。是时，整个丛林里，乒乓的刀剑声响彻云霄，昭阳的人马与秦国护卫的喊杀声乱作一团。

伴着皎洁的月光，我揉着摔痛了的手腕，一抬眼便认出了将眼睛瞪得如铜铃一般的昭阳。又见弟弟魏冉被他们五花大绑地架在了马上，如今已是秦国王妃身份的我，不禁怒火中烧。

我亦未多作思考，便在慌乱之中，飞快地冲进人群，一把夺过其中一位伤者的刀，架在自己的脖子上，涨红着脸、颤抖着朝昭阳大喊道："昭大将军，你可看好了，秦国与楚国的关系现在就掌握在你的手中，我是秦国的王妃，也是楚国的公主，若是与我为敌，便是与秦国为敌。"

“呵，好大的口气，这么快就乌鸦变凤凰了！”

“我不管你乌鸦还是凤凰，赶快把人给我放了！”

昭阳不屑地瞟了我一下，又看了一眼弟弟魏冉，恨不得一口把他吞了。见此情景，我提高了嗓门，继续大喝：“把人给我放了！”

我的一番怒喝，果然令在场的人纷纷停下手。昭阳想继续反驳，国相张仪抢言道：“芈月姑娘现在是秦国的王妃，难道有假吗？现在，两国的国书都签了，如若芈王妃有个三长两短，想必您在楚威王那里也不好交代吧。”

冤家对头相见，似乎又燃起了一把火。但张仪的话句句戳在昭阳的心里，虽然是魏冉失手打死昭雄在先，但用嫁给秦王为妃来替魏冉赎罪，却是楚威王亲自应允的。现在，与我作对，就是与楚威王作对，是置秦、楚两国大局于不顾。

昭阳虽然不服气，但也只能“哼、哼”地直吐粗气。这时，他的手下凑到他的旁边，耳语了几句，他这才将手一挥，将魏冉扔在了地上。然后又放了一番为自己下台阶的狠话，才骑着马往楚国的方向绝尘而去。

伴随着一路的幻想，和一路的惊心动魄，最终在我离开楚国的第九日傍晚时分，到达了目的地——秦国的都城咸阳。

异国他乡，尽管这里的一草一木全然不是我曾经生活过的模样。一如女人的第二次重生，这里是我新的人生的开始，不管我此后的生活平淡与否，快乐与否，都要在这里度过，将这里当作自己的家了。

楚国——我曾经生活过的地方，此后只能被称作“故乡”了。

咸阳宫高大威严，正殿四周回廊环绕，各宫室之间布局错落，主次分明，正以欲要雄霸天下的气势，雄踞在咸阳城的正中央。

对于我的到来，夜幕重重里的咸阳宫，似乎并未增添几许欢乐的气氛。整个宫殿一如往常一样冰冷寂静，其中的人一律微若蝼蚁，均

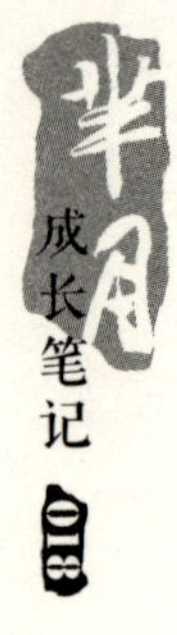

在权力的指使下，卑微地屈从于他人。

在宫人的指引下，我踩着红色的绣花鞋在泰时殿的台阶上一步一步往前走。背井离乡，一朝入秦，在连我自己都无法掌握的命运里前行，虽然荆棘丛生，但却令将来的我从此走上了人生的最高峰。

初到秦国时，我并未得到秦王的召见。

当晚，国相张仪顾不上休息，便直奔秦王的议政殿去商讨军国大务了。我则在内侍的带领下，到了秦王的后宫，在我的居所招仙阁里沐浴更衣。

彼时，齐国已向中山国出兵。就在我离开楚国的次日，唯恐生变的楚威王也派出了近万精兵，开始向魏国进攻。

秦国的危机暂时解除了，秦惠文王也如释重负、拍手称快。同时，他还与张仪商量着，准备乘胜追击，使魏王彻底放弃公孙衍的合纵之策。如此看来，我的到来，对于秦惠文王和楚威王而言，是两个国家之间一个承诺的符号、一个交换的手段。现在，他们的目的终于达到了。

是夜，根据内侍的指引，我在我的住处招仙阁里沐浴更衣。

我被侍女们重重簇拥着，每进行一步，都有专人在一旁递送毛巾、在我的沐浴盆内放置花瓣的汤水。

当我沐浴完毕，换上由秦国专门为我备置的衣裳，立于铜镜之前时，我才惊讶地看到，镜子里的那个我，一身浅黄的藁罗衫，身着五色花罗裙，头戴粉色芙蓉冠，裙袂下面是一双泥金的小鞋。

这与先前在楚国的茶园里劳作、一身布衣的那个我，简直判若二人。这样的变化，令爱美的我自然欣喜无比。

少时，为我沐浴的侍女都悉数退下了，内侍为我端来一碗参汤嘱咐我喝下后，也离开了。

整个招仙阁只剩下我一个人。对着橘红色的灯台，因为担心他会随时来到，我只得紧张不安地坐在红红的龙凤床头，等待着他的到来。

许久，一股沉沉的困意从我的身体一直爬上我的脸颊。我羞涩地望着满是星斗的门外，以为他很快就会在人们的簇拥下来到。可是，外面的一切都显得那么悄无声息。子夜时分，屋外除了“啾啾”的虫鸣，一切仿佛都在沉沉的睡梦里。丑时将近，一阵“吱呀”的声响，将我惊得从床上跳了起来，并立刻伏着额头跪在了地上。

但是，我跪了许久，也不见任何动静。原来是夜里生起的风，吹开了宫里的窗，他没有来。寅时已过，依然不见他的影子，疲惫的我终于熬不过，便和着衣裳倒在床上昏睡了过去。

次日，在内侍的带领下，我带着从楚国带来的龙凤纹九彩绣衾、绣罗单衣、锦面绵袍、绢裙等，到惠文后所在的锦阳宫去问安。

低垂的帷幔里，手捧各色胭脂水粉的侍女们正排成一排，站在惠文后的身边为她梳洗打扮。而身上只穿一件绛色罗衫单衣的惠文后则正对着巨大的铜镜，披散着头发，背对着来人，令侍女用篦子在为自己一点一点地梳理头发。

许是见到托盘里有一枚新的发簪，惠文后便站起身上前去拿。结果，由于她起身过快，正在为她梳头的侍女来不及反应，惠文后的头发就这样被生生地扯了一缕下来。

惠文后“啊”地大叫一声，立刻用手捂住了头。见到篦子上被扯下来的头发，惠文后勃然大怒。她一把夺过侍女手中的篦子，重重地摔在地上，并大声喝令：“来人，给我把她拉下去斩了！”

帷幔内顿时乱作一团，被罚的侍女跪在地上，不住地朝惠文后磕头求饶，其余的侍女则齐刷刷地跪在一边把头低得低低的，大气也不敢喘一下。

侍女的央求声使惠文后变得愈加烦躁，她继续责骂道：“别以为你长着一张好看一点的脸，就在我的面前称头子。这宫里，我才是王后，

凡是跟我过不去的，都得给我死！来人，赶紧把她给我拖出去！”

随即，五个身材魁梧、手持长矛的甲士冲了进来，拎小鸡儿一般将为惠文后梳头的侍女提了出去。余下的侍女则依旧围在惠文后的身边，小心翼翼地继续为她描眉、傅粉。

见我跪在惠文后的面前许久也无人理会，内侍刘公公才凑到惠文后的耳边小心地说：“惠主子，芈公主来了很久了，您还是多少答理她一下吧！”

这时，惠文后才极不情愿地转过身，斜着眼睛打量了我许久后才问：“你就是那个从楚国来的‘假公主’？”

惠文后的如此问询，令我尴尬无比。我想回答，却一时语塞，不知该如何作答。一旁的内侍刘公公见状，赶紧帮我解围：“启禀娘娘，她叫芈月，不仅是楚国的公主，还是楚国大名鼎鼎的‘才女’呢。”

“哼，什么‘才女’不‘才女’，我看她就是个专会踩人的祸水。”言毕，惠文后又警告我说：“这里可是秦国的后宫，不是你们楚国的什么穷山恶水。不管你先前在楚国有多么高贵，有多少才华，到了新的地方，就得重新做起。在秦王和我的面前，你只能给我乖乖地称奴婢，知道了吗？”

我不敢反驳，只得把头低得低低的，硬着头皮继续听。

惠文后又道：“宫里有宫里的规矩，你既是楚王派来的，那就得要守好你的本分。秦王政务繁忙，不是你想见就可以见的，即使是他召见了你，你也不可以令他沉迷于女色，一切要以国体为重，你可知道了？”

“是，娘娘，月儿——不，奴婢知道了。”

惠文后的冷漠与敌视，很快就传染了整个王宫——宫里的每个人似乎都在对我虎视眈眈；我每到一处，都有人在背后对我指指点点，抑或故意回避我的存在，对我敬而远之。

惠文王原本有一后一妃，惠文后魏纾美丽、简单，与惠文王相识于宋相王的会盟，她一连为惠文王生下了两个女儿。而宫人出身的郑氏却因为给惠文王生下了嬴荡，地位直逼她的王后之位。

惠文后担心我的到来会节外生枝，为了保住自己的王后之位，她在惠文王与张仪商讨完连横一事后，便强行将未满三岁的嬴荡从郑妃手里过继了过来，并立作了太子。为了使惠文王心无旁骛，惠文后还经常以“儿子”想见父亲为由，将惠文王请到自己的后宫，令嬴荡向其讨教知识。

三天时间过去了，我依然没有得到惠文王的召见。

身在异国他乡，我时刻谨记着离开楚国时，博士官对我的告诫：“人生如芥草。不论在何处，只有把自己放在最低的位置，才会赢得别人的尊重。虽然你现在已是楚国的公主，但是异国他乡，也要谨慎而言、三思而后行。”

或许，见与不见，只是早晚的事。而在这个是非的集散地，不与人争长短，不去刻意地追求名与利，才是我向惠文后、郑妃等人要表明的最好态度。

可内侍却焦急地告诉我：“没有得到秦王的肯定，即使是有封号在身，那也只是个有名无实的平凡之辈，地位犹如草芥，随时都有被他人取代的可能。”

王宫，这个集权力与欲望于一体的豪华宫室，虽然外表看似荣华富贵，其实处处都是陷阱，时时都有看不见的风刀霜剑。毫无根基的我，在入宫的那一刻起，便打定了主意，不与人争执，亦不求富贵，只是期望着能够在这个处处是沼泽的险恶之地，平静地度过一生。

内侍的善意提醒，知其分量的我自然心情沉重无比。尽管事实摆在眼前，可我却无力更改，我只得感激地朝他笑笑，依旧依律每日到惠文后处请安，用最为宽容的心，去迎接惠文后的冷眼。

其实，生活就如同一杯茶，虽然味道甘苦，但只要细细地品，就能知其芬芳，懂其美味。

于是，我在住处摆上了从楚国带来的腹部有横柄、底下有三足的瓷青釉鐎斗，伴着微微的炉火和淡淡的茶香，开始翻阅竹简，借此打发我清冷的时光。

名冠后宫

女人的香味来自优雅

一连数日，我都被冷落在秦王宫里，无处可去。

每日，除了侍女们为我准备一日三餐，便没有人再过问我的存在，更没有人与我交流。因为没有得到秦王的召见，服侍我的内侍，此际似乎也变得无比忙碌起来，终日不见身影。

在等待得令人心慌的日子里，无所事事的我，只得用侍弄瓷青釉鐎斗，和烹制寡淡的茶，来打发我无味的时光。

雨后放晴的午后，我将泛着白色浪花的水沏在盏中，一任碧绿的茶叶在碗中轻舞盘旋。

人生总有淡淡的愁苦，当有一盏淡淡的茶在手中，烦忧和苦乐，便在俗尘的幽静里清澄。不喜形于色，包容他人，先得其苦，再得其甘，茶的味道，即是生活的味道。

女人的美丽，是取悦他人的第一资本。那时的我，正值青春年华，有着吹弹可破的肌肤，有着乌黑如云的秀发，这些外在条件，在秦王的后妃之中，有着绝对的优势。可是，人世间所有的美丽，都只是瞬间的精彩，从来不会为谁而永久停留。如果女人徒有一张美丽的脸，没有内涵，亦无思想，那么，纵使有着天仙般的容貌，这样的美也是苍白的。

女人真正的魅力不在外表，而在内在的修养。女人可以不够美丽，

但是不能没有思想。胭脂水粉只能改变女人的外在，而读书却能更深一层地改变女人的气质，使我们变得有信心、有尊严、有良善，亦使我们在烦琐的世俗里，拥有有别于他人的心境和情调。

读书的女人世界是开阔的，心灵质朴，不装腔作势、不阿谀奉承，浓浓的书卷气息亦如一汪柔软的水、一股迷人的风、一朵绚丽的花……

原本，我是为救弟弟的性命而来，至于富贵、名利，毫无根基的我亦无意争取。如今，危机解除了，至于我自己，能否得到秦王的宠爱，对于我而言，便不那么重要了。

在等待秦王召见的日子里，我把自己投入到书的海洋里，不断地用知识充实自己，用知识开阔自己的眼界，提高洞察能力，锤炼气质，并在书中找寻自己心灵的慰藉。

可是，我的泰然处之，以及终日不是手不释卷，便是作诗烹茶，我的两个弟弟却急了。

尤其是魏冉，为了我的前途焦虑不安。一日，他干脆向我直言："逆水行舟，不进则退。姐姐与其这样无望地等待，还不如主动去和秦王身边的人走动走动，借助他们的力量，到秦王的面前去说和。你已经身处于权力与诱惑的巅峰了，如若就此止步不前，那么，姐姐日后不是退居于王宫的千里之外，便是淹没于王宫纷繁复杂的浑浊河水之中。"

魏冉尤其担心，我的如此淡然，长此以往，会在秦王的印象里愈加淡远，甚至最终沦落到秦国普通宫女的行列。那么此后，我的人生将会更加黯淡。

确实，正如我的兄弟们所焦虑的，我的到来，如同在平静的水面上突然投下了一枚石子，立刻使这个看似平静的后宫，掀起了不小的波澜。

原本，惠文后就对秦王纳楚国女子为媵妾一事甚为不满。只是，作为王后的万乘之尊，并且联姻一事又关系着秦国的未来，她才不得不勉强忍着，故意在人前装作一副贤惠的大度状。

不论是为了秦、楚两国的国事，还是楚令尹昭阳的个人之私，我的到来终是秦王后宫的一个异类。并且，我头一次到惠文后的住处去问安，便领教了她浓烈的醋妒。

同为女人，我对惠文后的感受是非常理解的，换做是我，同样不愿意与别人分享自己的丈夫。况且，我只是为了救弟弟的性命而来，根本无心介入那繁杂的宫廷之争，更无意伤害他人。

只是，身在名利场，难免会被虚无的荣华富贵所左右。为了锦绣的前程，为了所谓的功名利禄，很多人便用不同的面具掩饰了原有的本真，用心计和城府与别人作着不懈的争斗。

红尘中，有太多茫然的痴心在追逐。有的人在追逐中失去了自我，有的人为了所谓的名与利，早已忘记了礼义廉耻。虽然我只是个身份卑微的姬妾，但是，我同样是有尊严、有情感的。

初涉人生，虽然我也知人心险恶的道理。但是，我却在亲睹了父亲的妾室郑氏和母亲的争斗之后，俨然明白了自己在秦王宫里的处境。只是，放下尊严，且用出卖自己灵魂的办法去讨男人的欢心，却令我感到不齿。

男人的成功在于事业。而女人，尤其是封建时代的女人，不过是男人的一件可有可无的衣裳、一个附属之物。爱情对于她们而言，只是一个太过华美的奢侈品。尤其是在一个全新的环境里，身处异邦的我唯有不与人争长短，收敛锋芒，才能保得现世的安稳。

于是，我依然我行我素地看着我的书，侍弄着我屋里的茶，待我身边的侍女如姐妹，微笑地听她们讲有关宫里的一切。

有女同车，颜如舜华，将翱将翔，佩玉琼琚。彼美孟姜，洵美且都。

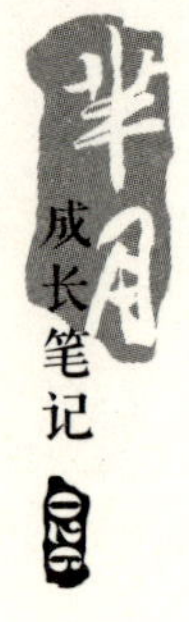

有女同行，颜如舜英，将翱将翔，佩玉将将。彼美孟姜，德音不忘。

爱情是彼此心灵的碰撞，不是低声下气，亦不是委曲求全，更不是失去人格的自动奉献。得不到秦王的召见，尽管我也焦虑无比，但是，不肯轻易在旁人尤其是异性面前低头的我，情愿就这样一直默默地等。

为了能在秦国扎根立足，弟弟魏冉在我与侍女们交流谈心的时候，亦在悄悄地为我上下打点。

他先是向秦王的内侍张公公送去了楚国的土特产。中秋节时，又以中秋之名，分别向国相张仪、张公公，以及曾在惠文后面前为我解围的内侍刘公公等人，送去了双龙玉璜配饰等珍贵礼物。

张公公虽然身在秦国，并且伴随秦王多年，但他却是楚国人，是因为战乱，随父亲流落到秦国来的。当他听说秦王宫里来了一位来自楚国的王妃时，顿时感到十分亲切，并希望能有机会结识这位来自家乡的王妃。

因为张公公的一番旁敲侧击，秦王方才想起，自己的后宫里来了一位来自楚国的女子。并且，这个女子自打来到秦国，还不曾去瞧过她一眼。

长久的期盼总是令人彷徨不定，而一朝相见，却又令我如此措手不及。

彼时，我正在居室里一边烹茶煮茗，一边读着我喜爱的《诗经》。因为兴致突起、灵感突发，我便拿出那卷无字的青竹简，对着昏黄的灯写我曾在书中读到的句子。

毖彼泉水，亦流于淇。有怀于卫，靡日不思。娈彼诸姬，聊与之谋。

出宿于泲，饮饯于祢，女子有行，远父母兄弟。问我诸姑，遂及伯姊。

出宿于干，饮饯于言。载脂载辖，还车言迈。遄臻于卫，不瑕有害?

我思肥泉，兹之永叹。思须与漕，我心悠悠。驾言出游，以写我忧。

这是一首有关乡愁的诗。诗中的女儿曾经因采摘邻居的花朵而遭到责骂，并背着父母下河洗澡，爬上屋顶搞恶作剧，在放学的路上漫无目的地游荡和东张西望。

多么无忧无虑、天真无邪的生活，一如少女时代的我。只是，生于斯、长于斯，铭刻在心灵深处的人生体验，以及那不可割舍的亲情、挥之不去的乡愁，却成了身在异国他乡，且心无所依的我，日夜思念的梦。

忧伤的我，正被诗中美丽的词句所陶醉。一直期望相见的秦王，却在此时不经意地出现在了我的面前。

原来，这日秦王使用烧荒的办法，成功地使义渠的游牧民族不敢再靠近牧草被烧光的秦国边境，并乘义渠内乱，出兵平定了义渠，成功地使义渠成为了秦国的属国，同时还有数个边境小国一并向秦国俯首称臣。于是，心情大好的秦王在张公公的提醒下，不假思索地来到了我这里。

秦王只带了两个贴身的仆从。当他在门口闻到一缕幽幽的茶香，同时听到我浅浅的吟咏声时，立刻停下了脚步，同时挥手屏退了正要报告的侍女和仆从。

因为诗和茶做媒，等待了许久的我们终于见面了。

彼时，秦王眼里发着亮光，仿佛见到了久违的朋友一般，将跪在地上的我拉了起来，又饶有兴致地接过我手中的青竹简，仔仔细细地打量着我的模样，并且询问我的家人。

男人的外表是阳刚的，但是在他们的内心深处，亦有着一块柔软的田地，需要一个温暖的灵魂去其中耕种，与他们的心灵对话。如此，他们阳刚的活力才能散发出源源不断的光辉。

是夜，我们聊得甚欢，从《诗经》聊到《论语》，又从龟甲兽骨上的文字，聊到咸阳宫的前广场上那十只用作祭祀的石鼓，还有我的出身，我煮的茶，我写的诗，以及楚国的山山水水……

君王之侧

做美妾，更要做贤妻

美，是女人的武器，亦是女人高贵的资本。

而身处主宰地位的男人们，却一面要求自己的妻子要贤良淑德，为了家不断付出，维持家的兴旺；一面又要求妻子要年轻貌美、能歌善舞、悦人身心。

于是，在每个男人的世界里，都有这样两个女人：一个是如点着朱砂痣般的红玫瑰，另一个则是如咀嚼大米饭一般素洁平淡的白玫瑰。他们醉心于红玫瑰的艳丽，更离不开白玫瑰的平凡与安逸。于是，为了不使这朵红玫瑰过早地凋零、枯萎，亦不让那朵白玫瑰失去光彩，身在王宫里的我，便努力地将二者合二为一。

我希望自己能拥有一份永远美丽的外表。尽管我嫁给了秦王，做了别人的妻，但是，对美的追求，却一刻也没有停止过。

不论是面见秦王的时候，还是一个人独处的时候，我都描着柳叶儿般的眉，并轻点丹唇，薄施粉黛，令我的容颜面若桃花；并用泡着花瓣的香汤沐浴擦洗，使我终日芳馨满体，确保我肤如凝脂肌如雪。

只是，以色示人，终不能长久。要想一生不被悲剧所主导，在这个荆棘丛生的残酷之地生存下来，还要学会规划自己的人生，敢于在困境中磨练自己。除此，更要有卓越的才情、聪明的智慧、远大的理想，以及坚忍不拔的品质等内在修为，这些才是通往成功的坚实阶梯。

我时常一身浅黄色藥罗衫，并配以粉色芙蓉冠、五色花罗裙和一双泥金鞋。不论我是何种妆容，还是怎样的衣着装扮，都成了各色女人们争相效仿的对象。一时间，不论是在秦国，还是在其他诸侯列国，爱美的我，成了格调和高雅的代名词。

如此精雕细琢，不只是为了赏心，亦不全是为了取悦他人。更多的，我只期望能在人前获得一份尊贵的体面。

相同的人，不论距离如何遥远，总能走到一起。这就好比身形纤巧的赵飞燕，她那撩人的舞姿正好迎合了汉成帝放荡不羁、喜好声色犬马的个性；擅长音律、能歌善舞的杨玉环，跋山涉水成了同样喜爱音律的唐明皇的知己。

我对自己不断地精心打造，渐渐地，秦王眼中的我变得面若凝脂、青丝如黛，纤巧的身姿再加上华美的裙裾，宛若人间仙子。我的一颦一笑皆在吸引旁人眼球的同时，也令秦王暗自感到荣耀。

我的美丽，给足了秦王面子，给他的一些建言良策，亦给了他很好的启发，使他的政务更加顺畅。

天下太平的时候，秦王便带着我风光地出席各类宫廷宴会，令我陪着他检阅军队、视察各类防御工事，并听他与王公大臣们一道商议国家大事。

同时，我也发挥了我能提笔写字、擅作诗文的长处，帮助他处理日常文案。我们一起煮酒烹茶，伴着皎洁的月光讨论《诗经》、谈论鬼谷子。

我仰慕秦王的才华，更钦佩他的勤勉。平易近民的他，每日都早早地到军营，察看士兵们的习武情况；带领着王公大臣，同秦国的百姓一起劳动，一起制造各种农具、工具。

每个落日的黄昏，我都期待着秦王的到来。我期待着能与他交流《诗经》，期待能在他那里学到更多的知识。我与他，不仅是君臣夫妻，更是彼此心灵的伙伴。

“上苑桃花朝日明，兰闺艳妾动春情。”不论何时何地，红颜与祸水，都是诱惑君主，使之走向败落的“妖言”。更是千百年来，人们声讨女人、惩戒女人的华美借口。

然而，就在我与秦王的爱情日渐深厚的时候，惠文后嫉妒的怒火也在与日俱增。她将我视作眼中钉，不断地在人前制造和我有关的种种谣言，并在秦王面前称我是“惑主”“狐媚”，同时还当着众人的面，数落我的种种不是，告诫我要守为妇之道、为妾之道。

尤其是在我为秦王诞下我们的第一个儿子稷，并被封为八子以后，惠文后对我的态度更加恶劣了。

确实，作为秦王的正妻，惠文后这样的嫉妒和发怒是在情理之中的。尽管为王的嬴驷可以有王后、美人、良人、八子、七子、长使、少使等三宫六院。可是，只有王后才是他名副其实的妻子。其他的女人纵使美若天仙，也不过是他延续子嗣、发泄欲望的工具。

原本，婚姻世界里的男女二人，就是彼此的唯一，容不得任何人以任何理由擅自闯入。而为妾的我，恰恰是他们夫妻之间一位不善的闯入者。

尽管我的到来，事关两国安危的大体，且被当时的封建礼法所允许。可是，女人又何苦为难女人呢！

妻与妾的并存，不论在何时何地，都是对女人的不公。但是，做了人家的妾，便是夫妻不该有的第三者，更做不得体面的人上人，就连她们的孩子，也一并有了嫡庶之分。不论妾的地位如何尊贵，对女人而言，不论是谁都会为之而不齿。

时光就这样一日甚过一日地捱着，一转眼便到了公元前322年冬月。

初九日，恰逢老王后七十岁的寿诞日。依照秦律，这日秦王、秦王的后妃、各王族亲眷，以及秦国大小百官、各国使臣，都要在宫里

为其贺寿。

老王后虽然年过七旬，但她依然容颜不老，明眸皓齿，风采不减当年。为讨老王后的欢心，我在为她送上来自楚国的锦缎、玉器等隆重寿礼的同时，又特地从楚国挑来数名善歌舞的女子，为她排练了她爱看的楚国民歌《招魂》等歌舞节目。

整个寿诞歌舞升平，鼓乐之声不断。老王后、秦王以及各王室亲眷们也推杯换盏，酒兴甚浓。

席间，来自楚国、燕国、赵国、魏国，以及义渠、中山等国的使臣，分别向老王后献了礼。作为老王后的长子，大王也兴致颇高，并一一向来者举杯致谢。在大家的轮番相劝下，不胜酒力的大王很快有了几分醉意。

但是，就在寿诞接近尾声、老王后也在众人的护送下回了宫的时候，突然族中的一位老亲关内侯站了出来。他见大王已醉意阑珊，便跑到我的面前，先是对着我左瞧右看，紧接着故意对我大呼道："呀！这不是楚国的魏姑娘吗？听说你入秦之前，和义渠王的那场风流债还没有了结呀！"

此人看起来眼熟，但又想不起在什么地方见过。面对长辈的盘问，尴尬的我一时不知该如何作答。而关内侯的一番故意吆喝，也令现场的乐声戛然而止，整个热闹的场面顿时冷了下来。

大家把目光一致朝向了我。

可是，关内侯不依不饶，又继续望着乳母身边的稷儿狡黠地问："听说你和义渠王还有了孩子，哎呀，都长这么大了呀！"言毕，还故意望了一眼大王。

确实，在入秦之时，我确与义渠王有过一面之缘。且在入秦以后，我还以秦王妃的身份与张仪等人一道参与了啮桑会盟，还在那里与义渠王有过一次不愉快的交锋。

关内侯的话分明是说给大王听的。而这话也恰巧击中了大王的要害，大王一听，脸顿时就黑了下来。但为了顾及在场的宾客，他只好瞪着眼睛一言不发。

“胡说，你无凭无据的，不要血口喷人。这是我和大王的儿子，你凭什么在我的面前说三道四的！”说完，我朝大王跪了下去，极其诚恳地向大王道：“月儿与大王朝夕相处，恩爱异常，我怎会做出如此卑贱之事呢！”

对于我的辩解，大王未置可否。关内侯见大王一言不发，便又朝大王凑了一步，俯在大王的耳边，一边望着我，一边继续对大王低声细语。

在关内侯的挑拨离间下，我参与啮桑会盟并以失败告终的情景，以及义渠王对我眉目传情的情景，犹如皮影戏一般，一幕一幕地在大王的脑海里闪现。强烈的酒精，伴着浓浓的醋意，他重重地拍了一下桌子，大喝道：“来人，给我把这个贱人拉下去，关入大牢。”

就这样，原本一场热闹非常的寿宴，在关内侯处心积虑的挑拨下，在混乱不堪的争吵中草草地收了场。

在大王的命令下，甲士们不由分说便把跪在地上的我拉走了。我的身后，传来了稷儿撕心裂肺的哭声。

我被关进了倍阳宫里。

倍阳宫高大清冷，本是大王建来当寝宫的，只因秦国的边患问题一直久拖未决，宫殿才一直这样空着。

次日子夜，委屈不已的我正在为此事伤心不已，惠文后突然带着嬴氏的族人们来了。她要代替大王对我实施家法，把我逐出秦王宫。

彼时，惠文后冷着脸狠狠地对我大喝道：“好你个贱人，大王的好事就被你这样搅和了！别在我面前耍什么小聪明，你以为你和那个义渠王的丑事我们都不知道吗！”

"姐姐，月儿冤枉。月儿确实和那义渠王有过一面之缘。可月儿一向自知月儿是大王的人，自从嫁给了大王，月儿从来不曾做过什么对不起大王的事。"

"哼！你少在这里装可怜、瞎狡辩了。今天，你最好给我老实一点，免得我多费口舌。"

他们先是用夹棍夹我的手指，逼我招供我与义渠王私通一事。对于这莫须有的罪名，我自然不肯低头、竭力辩解。可夹棍坚硬无比，我那纤细的手指立刻就红肿紫胀起来。

我咬紧牙关，誓死不招。可是十指连心，如此的疼痛，我很快昏厥了过去。紧接着，一盆冰冷刺骨的水，立刻将我浇醒了。

就在我被惠文后折磨得生不如死的时候，我的弟弟魏冉、芈戎为了营救我，急匆匆地赶往大王的异母弟弟嬴疾处求助。

嬴疾足智多谋，绰号"智囊"，是大王的心腹，大王对他一向言听计从。嬴疾一听惠文后等人在对我用刑，来不及整理衣裳，便披着一件单薄的褂子赶往了倍阳宫，同时差人将情况报告了大王。

魏冉、芈戎在嬴疾的带领下，很快就赶到了倍阳宫，他们手持利剑斩断了绑在我身上的绳索。随后，大王也带着人赶来了。在大王的怒喝声中，心虚的惠文后夺路而逃。

"做智慧的妇人，不做聪明的女子。"我只是一个卑微的八子，惠文后虽然手段卑劣，但是，这却是身为正妻的她在维护她所应维护的权利。

为了我的孩子，也为了秦王宫整个大家庭能相安无事，为妾的我，除了隐忍、谨小慎微、处处设防，其余的事，我只能大事化小、小事化无了。

此后，我依然与身边的人笑脸相迎，依旧每日到惠文后、老王后处问安。且将所有的心思和精力都用在辅佐大王、抚养孩子上。

第二章

机遇

静若泰山才能现世安稳

芈月说："王宫里的女人，不论身份如何尊贵，都只是弈者手中的一枚棋子。"

含冤受屈
宠辱若惊，贵大患若身

当一个人不如别人时，只会遭到别人的歧视；当一个人略好于他人时，得到的是旁人的嫉妒与排挤；只有当一个人的能力远远胜于他人时，才会得到别人的仰慕、钦佩。

如此世态炎凉，对一个国家而言亦然。当秦国的不断扩张和张仪的连横策略严重威胁到其他列国时，为了各自的利益，为了能吞没对方，大家开始视秦国为眼中钉。魏、赵、韩、燕、楚五国共推楚怀王为纵长，组成联军于公元前318年，在函谷关向秦国进攻。

为了将秦国一网打尽，公孙衍还联络了义渠国，令其配合联军从侧面向秦国进攻。大王不得已，只得向义渠国送去“千匹文绣，百名美女”，以期缓解两国的关系。

风云变幻总是不随人的意志。大战来临，来势汹汹的五国原本可以以绝对的优势置秦国于永无翻身之地，可是，人心不齐，手里黄金亦成泥。由于五国联军中，楚、燕两国与秦国是联姻之国，受秦国的威胁暂时不大，故而两国态度消极，联军中只有魏、赵、韩三国与秦军交战。三国之中，魏国将相不和，致使联军一路向东撤退至修鱼。

在此期间，义渠王认为秦国无端给自己送此大礼，是在对自己采用拖延时机的策略，秦国强大终是对自己不利。于是便乘五国攻秦之机，出兵袭击秦国的李帛。对此，大王只得另派一支部队仓促应战，并战败于义渠。

然而，这一节外生枝并未影响秦国强大的步伐。“五国伐秦”的次年，即公元前 317 年，大王庶长嬴疾率军出函谷关，并反击韩、赵、魏三国联军，令其大败于修鱼，斩杀其主力八万余人，极大地震慑了来犯的数国。

此一役，秦国以巧妙的策略大获全胜，先前在魏国为相的张仪也因此返秦。秦国获胜对于大王而言，自然是件高兴不已的事。可对我而言，处境依然尴尬，老王后寿诞事件的余波依然在我的身上上演。

虽然“五国伐秦”，秦国大获全胜，但是为了防止齐、楚两国卷土重来，大王还是将国内部分兵力迁到了素有“蛮荒之地”之称的巴蜀，以此为屏障，断了齐、楚联手的后路，力图用最短的时间东出六国，称霸天下。

但是，因为连年征战，且要为国家劳力劳心，大王不足四十岁就已露出了下世的光景。因此，确立储君一事，也在此时被提上了日程。

彼时，惠文后已经有了嬴壮、嬴雍两个嫡子，她从宫人郑氏手中所夺的公子荡亦不负大王重望，不论学业还是武艺，都在日益精进。

而此际，正受着大王恩宠的我，亦接连为大王生下了稷、芾、悝三个儿子。母凭子贵，随着三个儿子的降生，我在整个秦王宫中的地位也越来越稳固。加之平素我对三个儿子的悉心教导，他们的课业也一日甚过一日。王朝更替，江山易主的非凡时刻，唯有儿子的地位稳固，为母亲的我才能在秦王宫中站稳脚跟，才不至于被惠文后等人排挤出局。

此前，在公子荡被立为太子时，我的恩公张仪便一再告诫我，哪怕是有天大的野心，也不要随便向人透露自己的想法。哪怕只是一点点，也会成为燎原的星火，使你坠入万劫不复的深渊。故而，为了儿子们的将来，我一直在竭力压制自己的欲望，并在大王面前谨言慎行。

但是一转眼，我的儿子稷已近束发之龄，饱读诗书的他，已然成长为一个能文能武的翩翩少年。公子芾和公子悝也相继成人，而为了统一六国劳力劳心的嬴驷也已人到中年，他那满头的乌丝，不知何时已变作了华发，立储一事，已逐渐成为仅次于对敌作战的大事。尤其是在公元前 312 年的蓝田大战中，大王的诸公子们争夺王位一事，更变得公开化。

由于张仪欺诈楚怀王，许诺以割地六百里为条件使其与齐绝交。但是当楚怀王真正与齐绝交后，只得到了张仪以个人名义给予的六里土地。受此愚弄的楚怀王怒火冲天，为了挽回面子，便于当年调集了楚国最精锐的部队，由昭睢为帅准备再次攻秦。

当来势汹汹的楚国大军朝秦国袭来时，庶长嬴疾正率领秦国主要兵力协助魏国攻打齐国。大王万万没想到楚军会卷土重来，只得匆忙从各地调集军队，同时动用外交手段向韩、魏两国求援，请他们出兵进攻楚国后方。

是日，憋足了劲想要复仇的楚军异常凶猛，很快打开了天险武关，并攻破了通往秦国都城咸阳的主要通道，距秦都咸阳不足百里。秦国的命运危在旦夕，整个秦王宫里，不论是大王，还是各文臣武将，均感压力巨大。生死存亡的大决战前夕，大王不得不亲自率领近二十万军队，并带着太子荡、我的三个儿子、国相张仪、大将魏冉、甘茂、司马错等，到前线集体督战。

许是上苍亦感慨这场突如其来的变故，蓝田的战场上，大雨滂沱。军营中，张仪、司马错等重要将领悉数在场，太子荡也身先士卒，第一次走向了战场，为大秦国的未来奋起拼搏。

当太子荡率领将士们在蓝关与昭睢大战时，因其是头一次出征，且是在如此危难的时刻，在军营坐镇指挥的大王显得格外焦虑。

见父王一脸愁绪，守在一旁的稷儿不知何时冲出了人群，跪在大王的面前，称："父王，此一战虽然情况紧急，但是父王英武，一定能打败那些来犯的楚贼。荡哥哥现在在前方作战，但是后方还有孩儿我。孩儿也一定会和荡哥哥一样，誓死保卫蓝田，保卫我大秦国。”

稷儿的一番慷慨陈词，也令一旁的诸将士齐声高呼：“保卫蓝田，保卫大秦。”

本以为，儿子的成长会令大王欣慰不已。岂知，一脸愁容的大王却怔怔地望着远方一言不发。

见大王不为所动，又有众将士的附和，稷儿又壮着胆继续道：“父王，孩儿在母亲的教导下，不论武功还是学业，都不敢有丝毫懈怠。‘圣人苟可以强国，不法其故；苟可以利民，不循其礼’。孩儿还一向以故去的商鞅为榜样，用重刑厚赏，治理人民，使国家安定；重战尚武，使国家强大；重农开荒，促进农业发展。”

起初，听到自己茁壮成长的儿子有如此胸怀时，作为父亲的大王一连称了三个“好”。可是，在听到稷儿提到“商鞅”二字时，大王微笑的表情却凝固了。

公元前 338 年，秦孝公崩，大王继位，在公子虔的挑唆下，大王以谋反之名车裂了商鞅，并灭了商鞅全族。虽然事后，大王醒悟到商鞅的变法确对秦国的强大起到了不可估量的作用，并对诬告商鞅的公子虔施以劓刑，将其闭门数载。可是此事一直是大王心中的痛，不巧，稷儿却在这个不合时宜的场合又提了出来。于是，微笑过后，大王只是淡淡地对在场的人说了声：“都下去吧！”便独自一人回营去了。

自己的勤奋努力终于赢得了大王的肯定，这着实令稷儿兴奋不已。可是，年少的稷儿却不曾想到，自己当着众人的一番慷慨陈词，却令在场的惠文后、嬴壮、嬴雍等人嫉妒得双眼喷火。

当晚，愤怒不已的嬴壮和嬴雍两兄弟便聚到一起，在惠文后处商量对策。

瓢泼般的大雨，依旧如同断了线的泪一般，不停地下着。惠文后的营帐里，嬴壮“扑通”一下跪在惠文后的面前，哀求道：“母后，芈八子一日不除，母亲您，还有孩儿我们的地位便一日不得安生。母亲如不有所行动，恐怕有朝一日，您的王后之位便要被人取而代之了啊。”

“休要胡言，那八子现在虽然甚得大王宠爱，但大王的心中也早已有定数，岂能容得她们母子来胡作非为。”

“可是母亲您别忘了，那芈八子除了父王的恩宠，还有嬴疾、魏冉、芈戎等一干人在辅佐她。现在，父王的身体一天不如一天了，如果父王哪一天突然离我们而去，母亲您可曾想过，到时会是什么样的情景。您不为自己想想，至少也要为孩儿我们的将来考虑一下吧。”嬴壮的话，犹如一记重锤，狠狠地砸在惠文后的心上。

不仅如此，当今的太子虽然称惠文后为母亲，但却不是她的亲生儿子。也正是因为此事，惠文后所出的公子壮和公子雍，一直对惠文后憎恨不已。如今，秦国的大权将要交予新的君主，虽然新君的人选早已在大王的安排下，有了明确的对象，但是，在新君主没有正式登基前，公子壮和公子雍依然抱有一线希望。

诚如嬴壮所言，大王在大战后不久便彻底倒下了。蓝田的战场上，秦军经过与楚军数日对决之后，开始接连失守。由公子荡亲自率领的大军非但没有对楚军形成震慑，反而被集结了大批联军的楚军团团围住，几乎全军覆没。

仅仅七月三日一战，楚将昭睢便以一战三，大败魏章、司马错、甘茂三将，近五万秦军为楚军所杀。紧接着，楚将景翠的骑兵攻克灵宝、潼关等地，并攻占了渭南，大军直指咸阳，迫使大王不得不将汉中归还了楚国。而当秦军正准备打开城门，派兵前去支援时，来自义渠的大军也兵临咸阳城下。

秦国腹背受敌，大王得知消息后，突然感到心口一阵抽搐般的巨痛，并“哇”地一下，口吐鲜血，倒了下去。

为国赴难
自己若不勇敢，没人替你坚强

当一个人被人怀疑时，不管原先有多么忠诚，他所做的一切都是谎言；不管他有多么纯洁，一旦被人打上复杂的烙印，便是有心计、有城府。

王宫中，有关利益的争斗，不论何时何地，只要有稍稍的苗头，便会卷起浩荡的风云，令你在毫无防备时顿失原形。于是，年少轻狂的稷儿，在大王面前那番慷慨的陈词，便在无形中成了嬴壮和嬴雍两兄弟的眼中钉、肉中刺，时时刻刻都在被人窥视着。

瓢泼般的大雨，自楚怀王向秦国正式发兵之日起，就一直不知疲惫地下着。从楚怀王的精锐部队攻下秦国的天险武关，并夺了秦国的十余座城池后，那沉重的雨便一直飘洒在大王的视线内，仿佛这连绵不断的气势要将大王和他的先贤们立下的丰功伟业冲刷殆尽。

彼时，蓝田的战场上，战况依然紧急。在楚、魏等国的多重夹击下，秦国已腹背受敌。就在秦国生死存亡的关键时刻，大王因为积劳成疾，也在此时轰然倒下了。

虽然大王一脸蜡黄，重重的咳嗽伴着一阵接一阵的喘息，令他痛苦不堪，但他依然不肯休息，想从国相张仪那里得到一点点希望。

作为大王的妻子，在他生命和人生最为关键的时刻，不能为他去前线冲锋陷阵的我和惠文后，只能寸步不离地守着他、安慰他，为他

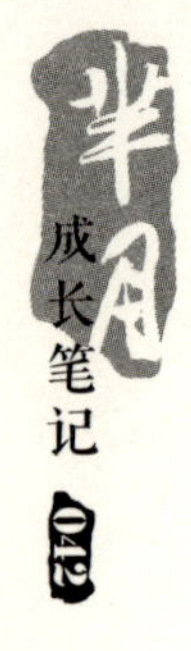

端汤送药。

而为了能将我们母子赶出秦国，嬴壮、嬴雍两兄弟一直在四处活动，除了在王宫里布满眼线，密密监视我们的一切行动外，同时还在不断地收罗、散播有关我和我的儿子们的种种不利言行。而且，就在大王为挽回局势而忧虑不已的时候，大王的营帐之外，不闻战事、亦不曾过问大王身体的嬴壮、嬴雍两兄弟，却在为夺取王位而费尽心思地谋划着。

在嬴壮的眼里，嬴荡虽然被立为了太子，但是，他却不是惠文后亲生。当初立他做太子，也不过是形势所逼。而自己的母亲贵为秦国王后，立自己为王，才是正统。眼看着大王的身体一日不如一日，担心大权会旁落他人的嬴壮，便悄悄地派遣了一名黑衣骑兵，乘着漆黑的雨夜，飞快地前往了义渠。

是日，在义渠王的朝堂上，刚刚从战场上得胜归来的义渠王，正品着杯中的美酒。他斜着眼睛听完嬴壮手下的陈述后，不屑地道："你们的算盘打得还挺响啊，你怎么就知道我肯替那个嬴驷去卖命，我还巴不得他被熊槐灭了呢！"

其实，远在义渠的义渠王早就得知了蓝田的战况，并且他还知道大王的病已一日甚过一日。虽然，现在的义渠王已在大王的打压下向秦国称了臣。

在"五国伐秦"时，为了缓解大战因义渠参与进来的威胁，大王还以我的名义向义渠送去了千匹文绣、百名美女。可是，口服心不服的义渠王却吸取了以往失败的教训，一直在厉兵秣马，并且经过多年的养精蓄锐，其地域已东达陕北，北到河套，西至陇西，南达渭水，其强大的实力几乎不亚于秦国。

义渠王放下手里的酒樽，若有所思地朝远处望了望，过了许久才回过头盯着嬴壮的手下继续道："这种鸡鸣狗盗的事，只有你的主子嬴壮才会干得出来。回去跟他说，他想当秦国的王，是你们秦国自己的事，与我何干？”

“大王您难道就不想芈王妃吗，现在她正在秦王宫里备受冷落，而且秦王的性命也危在旦夕，难道您就不想和她有个未来吗？”

一听“芈王妃”三个字，义渠王的脸顿时一红。为了不让别人看出自己的囧相，他又故意干咳了两声，然后大声道：“说，说说你的主子想干什么？”

使者见义渠王的态度有所缓和，便又继续道：“那芈王妃虽然倾国倾城，但是她的儿子稷一直在秦国作威作福，根本不把我们主子放在眼里。下官此次前来，只是想请大王您把他逐出秦国去。”

“关我屁事！”义渠王闻之一脸冷笑。但使者又继续道：“我们公子还想向您借三万精兵，助我秦国出征楚国。”

“你们和楚国打仗，让我掺和进去，对我有什么好处？”

“好处是，我们把芈王妃给您送来。”

“得了吧你，要我以小人之心，度你君子之腹？你主子的算盘打得可真不错啊！”言毕，义渠王便仰天大笑起来。

“这不过是一场交易，大王您得到了自己日思夜想的女人，我大秦国又解除了危机，同时还改善了两国关系。这种于义渠、于秦国都双赢的事又何乐而不为呢？”使者耐心地说。

向晚时分，在嬴壮使者的说和下，义渠王终于按捺不住激动的心情，同意了嬴壮的主意。开始调集兵马，派人赶往了秦国。

在蓝田战场的医营处，我忙得焦头烂额，不仅要照顾病重的大王，还要照顾我的弟弟魏冉，他在战斗中身受重伤，双腿被敌军砍得血肉模糊，生死未卜。

除了丈夫和儿子，两个弟弟便是我在这个世上唯一的亲人。人的生命亦如有着无数分枝的参天大树，会在时光的轮回中不断延续，不断生发出新的枝桠。四季交替时，虽然其中的枝叶会凋零、枯萎，重新落入尘土，且在若干年后，孕育出新的个体。但是，我却不愿意这样的血肉亲情就此中断。

我在医营外面焦急地等待着，心急如焚。这时，恩公张仪却一脸严肃地走了过来，将我引到了大王的面前。

彼时，大王的营帐内，甘茂、司马错、魏章以及惠文后等人悉数在场。人群中，还有一个头戴锥形尖顶帽，脚踩胡履，且面部黝黑的中年男人——义渠的使者，正透过缝隙，在一脸审视地打量着我。

当着大王和众人的面，张仪用极其委婉的口吻向大王道："大王，现在战况紧急，为了大秦国的安危，不如请芈王妃暂且到义渠去避一避。"

"要她到义渠去，这是谁的主意？"大王双目圆瞪，一下子从病榻上弹了起来。入秦时，义渠王当着众人的面对我表达爱意的往事，举国上下人尽皆知。啮桑会盟，我被义渠王的人无端地掳走，虽然大王将我迅速接了回去，但是此事却给了旁人口实，且宫里的人一致认为我与义渠王发生了不才之事。

见大王一脸震怒，使臣便小心翼翼地道："大王，义渠王派我到秦国来，完全是看在芈王妃的面子上，想助大王您一臂之力。此前，你我两国确曾有过多次交战，但是和楚、魏等国相比，秦国才是我们的近邻。现在虽然是楚怀王对您发兵，但是您的主要力量却全部被调到魏国去了，而且貌似您的主将嬴疾此时也在魏国战场。楚怀王的如此反击，对您而言无疑是釜底抽薪。芈王妃在哪里事小，但大王您皮之不存，毛将焉附却是事大啊。"

"放你娘的狗屁，我的皮存不存，我的女人我不会保护，要你义渠王来掺和什么？"

"大王请息怒，我王虽然一直向往芈王妃，但是此次我王却完全是出于对大王您的仗义。同时，我也代我王向您保证，芈王妃到了我义渠之后，一切生活起居和在秦国一样照旧，任何人都不会动芈王妃的一根指头。而且……”

使臣在说“而且”二字时，又下意识地看了一眼一旁的嬴壮和惠文后，然后继续道：“而且，我王请芈王妃到义渠去暂避一时，也非他的本意。”

“谁，谁要她到义渠去？”义渠使者的一番故弄玄虚令大王的眉头一皱，尤其在听到“非义渠王本意”几个字时，怒不可遏的大王突然抓起一个酒樽，狠狠地朝义渠使者砸了过去，并指着使者大骂：“他这是在要人吗？分明是在打我的脸。国家都保不住了，却要一个女人去做筹码，这叫我还有什么脸面活在世上！”

言毕，又指着内侍大声道：“来人，给我把这个不要脸的东西杀了，看他还敢来跟我要人！”

使者的话也令我震惊不已，虽然我深受大王的恩宠，但在秦王宫中，我凡事都谨小慎微，并且不管是王公贵族，还是宫中侍女，都尽量不与他们为敌，竭力避免与任何人产生冲突。

可是，当一个人处在光明之处时，他的背后总有光明所不能及的阴暗之处。不是所有的人都欣赏你的光明，更不是所有的人都会与你笑脸相迎，尤其是在权利与欲望的王宫中，你的光鲜与受宠，很可能成为别人的众矢之的。

为了王位，为了秦国的安危，无辜的我再次被人推到了风口浪尖。可情况是如此紧急，病中的大王已然是被使者的话气糊涂了。

义渠国虽然在大王的不断打压下向秦国称了臣，可是，不甘人下的义渠王依然在养精蓄锐，不断地筑城自守，时刻期望着，能够有朝一日东山再起。

义渠王的三万精兵虽然数量不算多，但是却都是义渠王一手培养出来的精良之士，既可以解秦国的一时之危，更是义渠王手里的一把利剑。一旦义渠王与楚怀王联手，只能使敌国更强，我国更弱，更能轻而易举地将秦国置于万劫不复的深渊。

为了秦国的未来，为了能为大王分忧，我只能含恨地做出选择。于是，我跪在大王的面前，请求大王准了义渠使者的奏请，请义渠王快些发兵援秦。

望着一脸泪水的我，大王略带微笑地望着我，眼里充满了感激。尽管大王是绝对不会让我去义渠的，但是，我的请求至少让大王知道了，他自己疼爱的这个女人是真正爱他，肯为他付出一切的，我们的心永远是在一起的。

可是，就在大王犹豫不决的时候，嬴壮却站了出来，指着我大声喝道："父王，芈母妃有罪，她不能留在王宫里。"然后罗列了关于我的数种"罪行"。

大王向来反感嬴壮的莽撞，可他当着众人的面如此振振有词，却把大王的心再次戳痛了。尽管我与嬴壮极力争执，并且同他大吵了起来。可是，男人的尊严，加之油然而起的醋妒，却令大王坚定了主意。

大王准了我到义渠的奏请，并且，就在我前往义渠的次日，义渠王的三万大军便赶到了秦国，与大王所剩无几的兵力合为了一股。

此后，远在魏国的嬴疾大军也终于赶到了，楚怀王最终被打得落荒而逃，不得不用割地的方法向秦国求和，从此再也不敢与秦国正面为敌了。

异国他乡
唯有自己才是命运的权杖

红尘中，我们每一个人都是孤独的行者。没有谁是我们的权杖，也没有谁能一成不变地陪伴我们直至终老。

可是有的人偏偏以命运为主宰，认为这世上的一切，所有的是非成败、起落沉浮，都是命运的安排。殊不知，命运就掌握在自己手中，命运的权杖就是自己。

身为大王的嫔妃，我虽为他生儿育女，终日与他相依相伴。但是，在国家利益面前，我依然被他当作交换的筹码，被赠送给了他的敌人。

或许，这便是我的命。但是，尽管我数度深陷囹圄，我却没有逆来顺受，而是一直在与命运作抗争，一直在为自己以及我的儿女努力争取。因为，路就在自己脚下，未知的前方，不管是康庄大道，还是布满荆棘，都要靠自己去走。

大王成功地击败了楚国，秦国的局势也在义渠王的助力之下，终于转败为胜。此后，义渠王也信守诺言，将我们母子安全地送回了秦国。

只是，再回秦国，我的家便不再是原来的那个家了。大王虽然将我和稷儿秘密地接回了秦国，但是，他并没有将我们直接接回王宫，而是将我们安置在了城郊外的一处偏殿里，对外，他也似乎不愿意再向人提及我们母子的存在。

偏殿的一应陈设与王宫里无异，可是，不明就里的稷儿却大为不满，他几次都想冲破侍卫的看守，去找大王理论。

其实，自打离开秦王宫的那日起，我、还有我的儿子们便与那个美丽的王宫渐行渐远。对此，我虽然心生怨恨，却也只能安然接受大王的安排。

虽然我恨惠文后，恨这一切的阴谋都是来自她的儿子壮。可是，适者生存，在秦国给秦王做了小的我，原本就是一个不该出现的政治产物。况且，异国他乡，除了两个身在战场一线的弟弟，我也别无其他亲人。

虽然我有大王的恩宠，但是，男人的爱都只是一时的。或许，今天还被宠爱的我，到了明天，便是下一个失了宠的惠文后。

我和稷儿被困在偏殿中，既不能出门，亦不能随意走动。

如此安排，年轻气盛的稷儿很快便沉不住气了。整日愤愤不平的他，不明白父王为何会对自己如此偏心，为何这样对待自己和母亲。

其实，王朝的更替，不是惊天动地，便是伴着血腥的屠戮。唐明皇李隆基虽然一世英武，但晚年时却令举国发生了长达八年的安史之乱，使原本繁荣的朝堂一步一步走向衰败，并于756年在太子李亨的逼迫下，让出了王位，被尊为太上皇。

公元959年，后周世宗柴荣驾崩，其年仅七岁的儿子柴宗训即位，世称恭帝。由于新主年幼，后周便出现了“主少国疑”的动荡局面。从而也给了已经掌握实权的殿前都点检赵匡胤夺取天下的机会。翌年，赵匡胤通过发动“陈桥兵变”，兵不血刃便夺取了后周政权，导致后周彻底灭亡。

为了国家，为了能使秦国早日东出六国，不论是大王，还是大王的先贤们，一直在励精图治。秦国由弱到强，是数代君主呕心沥血的努力换得的。今天的成绩，大王又岂能让人轻易地毁于一旦。

其实，王储之争，不论过程如何，身为庶子的稷儿、芾儿、悝儿都是处在劣势的，他们胜出的机会也微乎其微。可是，每个人胸中都有一颗不断进取的心，都想往高处走。尤其是那个至高无上的、充满诱惑的王位，人人都在向往，人人都想成为别人的主宰。

即使我一再地告诫我的孩子们，要低调示人，而他们也无意于王位。可是，大王对我恩深义重有目共睹，因此，我和我的孩子们，便成了旁人眼里的众矢之的。

于是，在这个暂时安置的荒凉之所，胸有成竹的我，只是默默地等，等待着大王的到来，等待着大王接我们回宫的消息。

但是，一如我刚进王宫时的情形，或许是战况紧急，或许是大王政务缠身，我们回到秦国后许久，也不见大王的身影。

我担心，得了胜仗的秦王宫里会突然生变，便将随身携带的金银器物送给看守的侍卫，想派人回宫去瞧一瞧宫里的情况，但却被他们一概地拦了下来。我想从他们口中得到有关王宫的消息，他们也一律三缄其口。

随着时间的推移，我们的心也变得越来越忐忑不安。尤其是稷儿，一向自由惯了的他，又怎能受得如此囚禁。犹如笼中困兽的他，几次想冲破门外的侍卫，并与在场的侍卫兵戎相见地想返回王宫，但终都被人拦了下来。

这样的冷落，一直持续了数日。直到一个落霞满天的黄昏时分，大王才终于露面了。

来时的他一身便装，且未带随从。再见大王，他的面色依然晦暗，原本伟岸挺拔的身姿似乎也因一直未见好转的病况而佝偻了下去。

彼时，他倚在偏殿的门边，晚霞照耀着他的背后，我所看到的他的脸，依旧是那么熟悉，那么英俊。但当我再细看大王时，大王却是一脸憔悴。

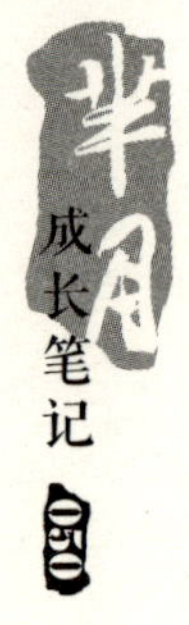

数日不见，大王又瘦了许多。仅仅分别了一月之久的我们，仿佛分离了几生几世。大王依然是我心中的大王，四目相对的时候，所有的委屈、所有的怨恨也在这一刻烟消云散了。

此刻，大王屏去了偏殿里的侍卫和宫女，整个大殿只剩下我、大王和稷儿三人。我们都沉默着，见父王亲自驾到，先前狂躁无比的稷儿也顿时安静了下来，怵在那里一言不发。

这样的沉默里，不知何时，我的眼睛却湿润了。泪眼朦胧中，我同样看到大王泪水涟涟的脸。此际，憔悴的他，正一脸忧伤地看着我，他用那双宽大的臂膀将我与稷儿拥在了怀里。

原来，大王一直是爱我们的。我的隐忍，还有我的顾全大体，大王全然知晓。并且，他是明里随了嬴壮等人的心，将我们母子送到义渠，实则却是在送我们母子到义渠去暂时避祸。

而且，之所以将我们送往义渠去，也是当时的形势所逼。那时，嬴壮的步步相逼，还有那所谓的人证、物证俱在。除此，还有楚怀王的数十万大军已经兵临城下，整个国家的命运已危在旦夕。

不仅如此，也是在这个尤为关键的时刻，与秦国处处为敌的燕国，亦在伺机对秦有所行动。春秋末期，由于燕国采取向东平定东胡，向南吞并蓟国的发展战略，其实力已远远超过了与魏国苦战的秦国，并跻身于称雄的六国之列。秦国一步一步地发展壮大，燕国便将秦国视作自己的强敌，并开始频频发动楚、魏等六国合纵锁秦。

而大王之前为了打破孤立，在张仪的建议下推行了连横战略。主张在东西之间结成定点盟约，以图分化并突破六国封锁。但苏秦却在同时推行了合纵之策，主张将南北六大战国连成一片，从而达到封堵、遏制秦国，直至摧毁秦国的目的。这样的局势下，大王不得不对遥远的燕、齐、楚三国推行破交战的对策。

于是，大王改变了以往与遥远的燕国疏远的做法，开始主动与其结交。并且还将长女嫁给燕国太子。只是，燕国国内的局势也在不断变化着。

他需要我的帮助，需要我到义渠去寻找援兵，给予他力量。为了巩固两国的关系，这一次，大王决定再次派我们母子到燕国去，进入燕国做他们的单方人质。所谓单方人质，就是燕国不派人质到秦国作交换，而只有秦国一方向燕国派出人质，以显示秦国不侵犯燕国的诚意。如此决策，说明此时大王只能依靠与燕国的邦交盟约来打破孤立了。

这样的结果，不论是稷儿，还是我自己，都惊愕万分。况且，远离秦国，异国他乡，沦为人质，这也意味着我们的人生从此将是一片黯淡。至于稷儿的未来，更是无从谈起。大王的话音未落，委屈不已的我便当场哭了。

我想不通，大王的嫔妃和公子众多，为何独独选中了我们母子。以往的恩情，还有魏冉、芈戎两个弟弟为大王所做的一切——我想和大王理论，可是一抬眼，我便看到了大王头上无数的白发，还有他一脸的疲惫。

跪在地上的稷儿愤愤不平，他委屈地问大王这是为什么。这时，大王一把扶起地上的稷儿，摸着他的头语重心长地告诉他："我们只有拉拢了燕国，才能消除别人对我们的敌视，并更好地牵制赵国，腾出手来攻打齐国和楚国。我的稷儿向来都是最优秀的。你不是一直想成就一番事业吗，为父也成全你，让你和母亲先到燕国去历练历练。那里有你的姐夫燕太子，他可保护你们在燕国的安全。记住，你是我的儿子，不论何时何地，你在做什么，你都是在为秦国效命，在为我们的国家建功立业。"

大王不容商量的训诫，最终使我们不敢再多说什么了。我不得不遵从了大王的决定，而稷儿却若有所思，他擦干了眼泪，郑重地向大王磕头谢恩。

战事再起
学会埋头，才能出头

其实，争即是不争，不争便是争。既然我们无力改变命运，那还不如去努力适应命运。虽然，就在我们起身前往燕国的时候，大王便拟下了诏书立公子荡为太子，并且诏告全天下，一旦大王驾崩，太子荡便立即继承王位。

但是，对于我的离去，大王同样不舍。在我返回秦国以后，大王便显得越发苍老了。因为惠文后整日忙于她的巫术和卦算之术，无人照料的大王，身体便每况愈下了。不住的咳嗽伴着日渐蹒跚的步子，仿佛大王留在人世的时光已然不多了。

虽然我前往了燕国，但是，他却把我寝宫里的东西原样不动地保留着。时常，他在我的寝宫里一坐就是好半天，不是发呆，就是长吁短叹。我们的观点一致，彼此志趣相投。有我在他身边的时候，他便有一个放心的倾述对象，更有一个好的参谋。如今，我们相隔万里，曾经的美好，只能在无尽的思念中独自品评了。世事如今两茫茫，不思量，自难忘。或许，我们虽然都还尚在人世，但实际上已阴阳两隔了。

这就是君主的无奈。即使是身为人主，有着无上的权力，但是最终却是在权力的左右下身不由己。

相比大王金戈铁马的战场，两个女人的战争，虽然不是兵戎相见，亦非血雨腥风，但是其结局无论哪一方获胜，都是无比的凄凉。

用请求义渠帮助秦国对楚发兵的法子来成功扳倒我，在惠文后等人看来，算是成功了。并且，就在我们转身前往燕国的同时，成功击败了我们的惠文后等人正在弹冠相庆，惠文后也在为即将成为大王之母而欢喜不已。

可是，这对嬴壮、嬴雍两兄弟而言，却是一场强烈的地震。虽然此前他们一直在设法排挤身为长兄的荡，设计将他送到了战场，并希望他在战场上战死。可是，他们却没有料到，这个被他们视为眼中钉的长兄，非但毫发未损，而且为秦国立下了汗马功劳。并且还在大王的期望下，成功地入主了东宫。

心中甚是不服的嬴壮不敢找大王理论，便将满腹的怨气撒在了母亲惠文后的身上。他痛恨母亲不够精明，用了这样一个越俎代庖的法子，把别人的孩子当成自己的孩子，将其送上了王位。

就在立公子荡为太子的次日，嬴壮便跑到惠文后那里质问惠文后："母亲，你是秦国的王后，我才是你嫡亲的儿子，东宫里的太子为什么不是我，你当初为什么要把那个荡扶上去？"

惠文后的眼圈霎时变得通红，她惊恐地望着嬴壮，眼睛里一边淌着泪，一边看着满脸怒相的嬴壮欲言又止。可是，嬴壮不依不饶，继续朝惠文后狠狠地道："别人都是处处为自己的儿女着想，你倒好，不但拆了自己的桥，还要去给别人铺路。你到底是不是我的母亲？"

闻听嬴壮此言，惠文后的泪水刷的一下流了下来，朝嬴壮嗫嚅道："我，我又何尝不想你们出人头地，可是，有荡在先，后来又有了那个芈八子，而且你又是在嬴稷的后面出生的，你说，我不要荡来先占了位置，你我还有今天的安稳日子吗？那个荡好歹还叫我一声母亲，要是让芈八子的儿子抢了先，可就什么都没有了呀……"

"什么都没有？你不是还有父王吗，你可是他的王后啊，只有王后的孩子才是正统。这么一点简单的道理你都不明白吗？”嬴壮涨红着脸，对惠文后近似咆哮。“你就知道哭，你怎么不知道到父王的面前哭去。学学那个叫芈八子的，怎么把父王唬得团团转。别的女人会用眼睛讨男人的欢心。你呢？你什么都不会，只会把我们兄弟往火坑里推。你像我们的母亲吗？”

原来在权力面前，人世间最为宝贵的骨肉亲情是那么的一钱不值。对于儿子的震怒，惠文后惶恐不已。她满脸泪痕，为了最后的亲情，她一把抓住嬴壮的袖子，极力向儿子解释："我怎么还有大王，你们的大王心早就不在我这里了，他是唯芈八子的命是从啊！”

嬴壮闻之，愤怒地一把推开惠文后，拂袖而去。

他的身后，留下的是惠文后绝望的哭声。

从此，惠文后的寝宫里，愈加清冷。

同大王一样，头发花白了许多的惠文后，除了手里终日不离的龟甲卦具，便是满室缭绕的香。

而眼见着太子之位旁落他人的嬴壮、嬴雍两兄弟，也因对母亲的憎恨，从此对惠文后愈加淡漠。不论是惠文后生病，还是他们娶妻纳妾，对于惠文后这个母亲，他们一律装作视而不见。

与此同时，身负大王之令赶赴燕国的我们，也已然走进了人生的谷底。远离朝堂，便远离了政事，便意味着我的儿子们没有了希望，即使是做个秦国的臣工，希望也寥寥无几。

而且，就在我们到达燕国后不久，一场来自异邦的血雨腥风，又将我和我的孩子再次卷入到生死攸关的生死边缘。

燕国原本兴盛。早在公元前323年，燕国就参加了由魏国发起的韩、赵、魏、燕、中山“五国相王”活动。燕国的国君燕易王便在此年称了王，成为燕国历史上第一个称王的君主。此后，易王驾崩，其子哙继位，是为燕王哙。

但是就在继位的第三年，书生意气的燕王哙却做出了一场惊世骇俗的举动。由于他对唐尧虞舜禅让的传说非常仰慕，并想通过自己的实践建立一种君位任贤的制度，于是在苏代和鹿毛寿的蛊惑下，把王位禅让给了燕相子之，并把国内三百石以上高官的玺印全部收回，交由子之任命，致使燕太子姬平联合了将军市被在国内举兵造反。

混乱中，燕太子姬平和将军市被被子之打败。子之为了不留后患，又派出所有兵力在全国范围内大肆捕杀姬平和市被的余党。

亦在此时，喜好乘人之危的齐国在得知了燕国内乱后，便打着平定燕国内乱的旗号，联合了中山国，由国相司马憙率领三军将士，以讨伐不义之邦的名义向燕发兵，齐国自己则派遣匡章率领“五都之兵”和“北地之众”，向燕国大举进攻。

彼时，燕国国内动乱，面对大举来袭的齐国和中山国，束手无策的燕国将士们却不闭城门，亦未出兵应战，任凭列强在自己的国家肆意胡为。仅仅五十天的时间，燕国国都和大部分领土便落入了强敌之手。

齐军虽然大获全胜，燕国也几乎在齐国和中山国的掳掠下将要灭亡。可是，齐军却军纪涣散，他们所到之处，不是烧杀抢掠，就是奸淫掳掠，较之燕国内乱性质更加恶劣。他们的所作所为，很快激起了燕国百姓的强烈不满。

这时，燕国大臣郭隗站了出来，他将为数不多的军队组织成一支起义军，开始对齐反击。见郭隗的大军奋勇御敌，燕国的百姓也纷纷响应，加入到驱齐的队伍当中。“百姓齐心，其利断金”，在燕国军民的合力下，齐军被击打得落荒而逃。

也恰在此时，想破坏燕国与韩国对赵国夹击盟约的赵武灵王，也借机以平叛驱齐之名，插手燕国的内政，并派大将乐池入韩，迎回在韩国做单方人质的公子职，令其继承王位。战乱一直持续到次年春，直到齐将匡章又率军入燕，并杀死了子之和燕王哙。

在内忧外患的双重侵扰下，燕国的无辜百姓深受其害。一时间，燕国国内也盗匪四起，百姓生活苦不堪言。

作为燕国的人质，我和稷儿虽然只是大王安在燕国的一枚棋子，身在燕国的王宫之中，且与燕国的政治无关。可是，这瞬息万变的宫廷变化，亦使我和稷儿每时每刻都在生与死的边缘挣扎。

得知燕国正在遭受齐国、中山国的侵扰，大王担心我们母子的安危，同时，作为燕国的盟国，秦国必须做出援燕的姿态，于是大王立刻派出大军，兵分两路攻齐救燕。在秦国大军的打击下，齐国的军队很快就被击退了。

由于大王的出兵相助，使燕国免遭了一场因为“禅让”而引发的亡国之祸。公子职也于次年正式登上燕国的王位，是为燕昭王。从此，燕国和秦国两国的盟友关系更加稳固了。

时光荏苒，一转眼，我们来到燕国已经将近五年了。五载的磨砺，不仅消损了我的容颜，亦使我的稷儿成长为一个成熟稳重的翩翩少年。

因为亲眼目睹了异国的战乱，和战乱中将士的伤亡、百姓的疾苦，积存于我们心头的怨恨也在一点一点地消散。用一颗慈悲的心去看世界，这个世上的一切便是美的；用一颗博大的心去关注他人，任何矛盾、任何疾苦便也只是一场苦难的修行。

于是，我们渐渐地习惯了异邦的生活，除了在燕王宫里安分守己地遵循与燕国结交，并向燕国表示秦国永远不会与燕国再战的本分，同时，对我们母子礼遇有加的燕昭王还破例允许我带着稷儿走到燕国的田间地头，去见识王宫之外的百姓生活。燕国的制造业甚为发达，尤其是用生铁铸造镰、锄、铲、耙等农具的技术，与刚刚起步的秦国相比，已经相当成熟。我和稷儿畅通无阻地穿行于燕国的街市，在各种制造作坊学习燕国的制造技术。

有时，困境就是人生的另一个历练场。况且，改变命运的机会不是等来的，而是靠自己创造出来的。何不趁着没有人关注我们母子存在的这个时机，多学一些知识和技术，给自己的人生充一充电，或许在未来的有朝一日，便可以为自己所用。

在我的开导下，稷儿忘记了原有的奢华，开始与燕国的农人、工匠一道忙碌，很快变得肌肤黝黑、体格强壮，并且掌握了很多知识和技术。他甚至还向我表示，要效仿鲁班，做一个技艺高超的工匠，制造出更多能改变人民生活的用具。

嬴驷驾崩
永远不要找别人要安全感

成功地解决了燕国的内乱，并有力地打击了楚国的嚣张气焰后，大王便将矛头指向了一直在与秦国抗衡的齐国。

只是，要想灭齐，必先弱楚。因同时破了齐楚两国的盟约，于是，大王于公元前 311 年再次派遣国相张仪出使楚国，以汉中之地为交换条件，使秦楚两国重修旧好。

秦国在一步一步强大，同时远在燕国的我和稷儿也已度过了数载春秋。

在此期间，虽然大王时常派使臣到燕国来给我们送衣送暖，燕国国内还有燕王妃对我们母子无微不至地照顾，可是，人在异乡飘零，对大王的思念，对家的渴望，却如一浪高过一浪的潮水，在我心中一刻也没有停歇过。

大王时常出现在我的梦里。梦里的他依然是那么高大威武，我们在一起把酒吟诗，一起举案齐眉。一身金色铠甲的他，还带着我在辽阔的大草原上策马奔腾。

迎着明媚的阳光，我们在欢快地奔跑。就在我们奔跑得最为欢快的时候，天却突然暗了下来，并且转瞬间，大王和明媚的蓝天全消失了，辽阔的大草原也陷入墨一般的漆黑里。我惊慌不已，只得用尽全身的气力大喊大王的名字。

这时，大王终于出现在了远处，可是，天越来越暗，大王金色的铠甲不知何时也变成了一身褴褛。他愁眉苦脸地向我伸过温柔的大手，抚摸着我的鬓发。

再次感受大王的温存，我依然感到幸福无比。于是，我开心地问大王 ：“大王，这么多年不见，你还好吗？”

大王闻言，淡淡地一笑，嗫嚅了一下嘴欲言又止。这令我感到非常不解，便轻声地问 ：“大王是遇到了什么难处吗？”

大王顿时满脸泪痕，无比哀伤地说了句 ：“我要走了，我把你们母子送到如此偏远的燕国来，我的心却在流血啊。我们夫妻一场，你就在燕国好自为之吧。”言毕，大王便消失在了墨一般的黑暗里。

无尽的相思，换来的却是如此短暂的一别。我不甘心，忍不住再次叫喊大王的名字，希望能够留住大王的脚步，能够与他再续前缘。

可是，黑暗中，任凭我如何呼喊，我的周遭，除了无尽的黑暗，便是死一般的静寂。

我依然不甘心，继续用尽全身气力大声地呼喊。可是，无论我如何用力，却怎么也张不开嘴，呼喊的声音也微乎其微。于是，我奋力地挣扎，当我好不容易甩开胳膊时，我却突然睁开了双眼，从睡梦里惊醒了过来。

原来，这只是一场梦。从梦里醒来的我，双颊还有两行长长的清泪。

公元前 311 年，大王终因劳累过度，加之久治不愈的肺症离我们而去了。遵照大王的遗旨，大王驾崩的次日，太子荡继承了王位，号秦武王。

自此，秦国的历史翻开了一页新的篇章。

和勤政的大王一样，年轻的新王嬴荡同样勤勉。战国尚武，武王亲理国事后不久，便在晋城外会见了韩襄王。同时开始大力发展军事，重用大力士任鄙、乌获、孟贲等人。每日所做的第一件事，就是到军

中各营察看将士们的习武情况。

公元前 308 年，为了一睹周天子王城的辉煌，武王派甘茂分别出使了魏国、赵国两国，并与韩国在宜阳交战。同年秋天，武王派庶长嬴疾率军攻打宜阳。由于宜阳久攻不下，为防止韩、楚两国联合，趁己不备攻打秦国，武王还以汉中之地为诱饵麻痹楚国，不让楚国救援韩国，致使韩国彻底被孤立。

次年，武王在成功攻克宜阳后，又乘胜渡过黄河，夺取了武遂，迫使韩襄王韩仓不得不派使臣到秦国谢罪讲和。由于秦国不断强大，魏襄王魏嗣也只得于当年派太子朝见了武王，以示友好。

不仅如此，武王还于当年封蜀侯通国之子公子恽为蜀侯，并派司马错率领巴、蜀十万联军，携带大船万艘、米六百万斛从枳县南部一路直取楚国，夺取了楚国的商於之地，在此建立了黔中郡。

至于武王的后宫，虽然惠文后为他选立了诸多位妃嫔，但是，急切想要建立一番功业的武王，却一心用在国家大事上，至于儿女私情，他是一直淡而又淡的。

彼时，齐、楚、燕、韩、赵、魏等国的纷争依然在持续。彼此的争讨中，秦国在以不可阻挡的态势发展壮大着。

武王因在做太子时，就对张仪的连横之策，以及他数度戏弄楚国，致使秦国与楚国数次陷入尴尬境地的行为甚为不满。所以他登基以后，就将张仪闲置在了一边，不予重用。

朝中大臣见武王对张仪的态度急转直下，也纷纷落井下石，称："张仪不讲信用，反复无常。不仅出卖国家，而且还谋图武王的恩宠。大王若是继续用他，恐怕会遭到天下人的耻笑。"

同样憎恨张仪的齐闵王，在得知了张仪在秦国的处境后，也立刻派人到秦国在武王面前责备他的行为，并叫嚣着："张仪在何处，我便要出兵攻打何处。"

武王为了能在齐、魏两国交战之机攻打韩国，兵临周都后，挟天子以令诸侯，成就帝王的霸业，便将计就计，令张仪携带三十辆兵车出使魏国。报仇心切的齐闵王得知张仪已出使魏国，果然果断地向魏国出了兵。

腹背受敌的张仪，因整日担惊受怕，加之年老力衰，于公元前309年病故于魏国。

没有人告诉我们大王早已离我们而去的消息，也没有人跟我们提起我的恩公张仪的只言片语，更没有人来为我们报丧。等我们得知消息的时候，大王已在秦国入土为安许久了。

人的富贵荣华不会从天而降，但是有了大王的恩宠，原本只是楚国一名普通宗女的我，却在秦王宫里锦衣玉食，享受着无上的富贵。尽管若许年来，我们母子远离秦王宫，但是，他却时常派差官来为我们送衣送物，对我嘘寒问暖。

大王是我们母子在燕国活下来的唯一希望，他是我们的天，我们的一切。如今，这个依靠不在了，我和稷儿便成了断了线的风筝，在异域的国土上无所依靠地飘浮着。

无数的困难，未知的变数，今后的路，我们母子只能靠自己去走。

向晚时分，我和稷儿一身缟素，面向秦国，为逝去的大王焚香祭拜。

缭绕的青烟里，我和稷儿痛哭不已。

人的生命中，有太多的离别，太多的不舍。比如，两心相依的爱情、血浓于水的亲情、亲如手足的友情。只是，人世间最为宝贵的东西，却因血腥的征讨、纷乱的战争变成了遥不可及的奢侈品。

这样的情，不管之前有多么浓烈，如何深厚，一旦跌入岁月的长河，便在流水的打磨下失去了棱角，收敛了锋芒，变得黯淡了。

虽然智者曾一再地告诫我，要学会放下。亲情、友情、爱情、财富、名誉，一切的一切，都不过是过眼云烟。唯有放下一切的情感，一切的欲望，用最大的包容去对待世间的一切，才能有最大的得到。可是，被人遗忘的落寞，异国他乡无人问津的冷遇，犹若人陷入了命运的泥沼，只要身陷其中，便不能自拔了。

尤其是在遥远的秦国，虽然年轻的秦武王已经遵照大王的遗旨顺利地继承了秦国的大统，一切大局也已成定数。但是，任凭命运的摆布就此沉沦，或在异国他乡孤独终老，却不是我的期盼。

此时，虽然我们已远走他乡，但是，秦王宫里依然有人在仇视我们母子的存在。当燕国的时局纷乱不堪的时候，有人便乘我们母子不在偷偷地往我们的食物里下了毒，企图以此来结束我们的生命。抑或是，在我们的住处，突然有一批身着黑色衣服、手持雪亮大刀的人破门而入，不是为劫我们的财，而是要掳我的人，准备用匕首将我刺死。

生的恐惧，是在一次次的脱险，以及亲眼目睹了燕国的战乱后才生起的。

在这样的困境下，我亦想逃避，也想退到一个无人的角落给自己一片安宁的天空。但是，生命的诱惑，不论是我，还是惠文后、嬴壮、嬴雍，抑或是身为新主的秦武王嬴荡，都在为各自的利益不断地争取着。

此前，大王在世时，诸公子之间虽然也在彼此明争暗斗，有的人引而不发，有的人一直在吵吵嚷嚷，还有的人则不惜一切手段在打压别人，想将一切的利益都据为己有。但是一切的大局皆由大王把持和掌控着。

但是，大王最终离我们而去，诸公子之间最后一丝血肉亲情也被利益打破。人性的善与恶，也在此刻暴露无遗。

虽然，秦国此际的王是荡儿，但是，一直口服心不服的嬴壮和嬴雍却拉拢了一大批族中的故旧势力，企图孤立武王，并伺机取而代之。

人在面对压力的时候，对于外界的刺激也显得尤为敏感。尤其是我自己，压力越大，越想反抗，越想与之抗争到底。

第三章

才智

畅游宦海当如鱼儿

芈月说：“男人的后宫里，名分和地位才是立足的根本。”

权力真空

找准时机，才能占得先机

无尽的夜总是那么漫长，以至于在漫长的黑暗里，我渐渐沦丧了斗志，磨灭了理想。

习惯了流放的我，开始变得如同平常的妇人，时常回忆过去，并做好了在燕国孤独终老的打算。

可是，命运之神总是在人绝望的时候为你点燃一点希望。此时，远在秦国的秦武王嬴荡用自己的性命给世人开了一个不大不小的玩笑。

原来，自打武王正式登上王位，身边便纠结了一大批力大无穷的“大力士”，如任鄙、乌获、孟贲等，除此还有战功卓著的嬴疾和精通韬略之术的甘茂在做右、左丞相。为了表示拉拢，我的弟弟魏冉也被他重用为秦国大将。而不务正业的嬴壮也一改往日处处与嬴荡作对的高调做派，主动巴结武王，并成了与武王形影不离的“智囊”。

为了继续对外扩张，武王暂时搁置了东出策略，将矛头直指宜阳，随后又成功渡过黄河，夺取了武遂，迫使韩襄王派公仲朋到秦国谢罪讲和，秦国由此彻底打通了入主中原的通道，山东六国也由最初的对秦主动出击，变成了战略防御。

少年天子，并且大战又初战告捷，新王嬴荡自然自得不已。这时，嬴壮便乘机向他怂恿，周室的镇国重器“九龙神鼎”始建于夏，且夏传于商，商又传于周。如今位于周室的太庙之侧。

据说，“九龙神鼎”是大禹治水成功以后，收取全国的贡金，依照全国九个州的地形地貌而造的。上面载有各州的山川、人物、田野，足部有龙纹，鼎腹还有荆、梁、雍、徐、扬、青、兖、冀等九个大字。每只大鼎都形似一座巨大的铁山，沉重无比。武王早就对这九只神鼎向往不已，加之嬴壮绘声绘色的一番描述，称“九龙神鼎”每一只都代表一个诸侯国，便按捺不住自己激动的心情，带着任鄙、乌获、孟贲等一干大力士策马前往了。

临行前，为了庆贺攻打宜阳的胜利战果，嬴壮与嬴雍大摆了宴席，并当着众人不断地为武王邀功，向他轮番敬酒，武王也因此被他们灌得酩酊大醉。

醉得不省人事的武王被众人抬着，到了“九龙神鼎”所在的周室太庙。

九只神鼎在太庙前呈一字型排列，宛若九座气势恢宏的山川。果然如嬴壮等人所言，壮观无比。

彼时，武王依然醉意朦胧，连说话都有些含糊不清。但是，他为了展示自己的神力，不顾众人的阻拦，脱下王袍玉带，走到了那只代表秦国的“雍”字鼎前。

武王虽然摇摇晃晃地举起了鼎，但是就在他准备将鼎放回原位时，他的两条膝盖骨被鼎压断了，鼎重重地砸在了他的脚上。可怜的武王，脚部所有的骨头被砸成了粉碎。

当晚，武王便因伤势过重、失血过多暴毙而亡了。临死前，酒劲还未散去的他嘴里还在念念有词：“心愿已了，此生无憾。”

武王的死是如此突然，而且他尚未生养儿女，死时也没有留下立谁为君的只言片语。

当时，陪在武王身边的只有向寿、甘茂、任鄙，以及服侍的两个侍女。为了防止突生事变，向寿在武王断气的一刹那，便封锁了所有消息，并斩杀了两个侍女，同时派快马通知了武王的庶长嬴疾。

嬴疾本是大王的异母弟弟，不仅足智多谋，而且时刻与大王一心，且在武王登位后，一心辅佐武王，深受大王和武王的信任。

同为秦孝公的儿子，此际的嬴疾无疑具有继承秦国大统的资格，但是，他不愿背负“篡位夺权”的骂名，于是便将目光放在了自己的儿子和女儿们身上。然而，几度权衡之后，嬴疾最终放弃了。

因为，立自己的儿女虽然轻而易举，但是，这样的开端，却给后世开了一个不好的头，天下也将从此陷入人人都可为君主、人人都可霸占天下的混乱里。

于是，他又将目光锁定在了惠文后的两个儿子嬴壮和嬴雍身上。虽然嬴壮生得人高马大，平素的行事也不在逝去的武王之下，可是武王的死却是因嬴壮的怂恿而起，立嬴壮只会引起众怒。至于嬴雍，他亦是惠文后、嬴壮一党。而且嬴雍、嬴壮等人平素就不把自己这个长辈放在眼里，不是对他冷眼相向，就是对他恶语相加，嬴雍自然也被排除在外了。

对此，心中已有了定数的嬴疾一面将嬴荡的遗体安放在蓝田的营帐内，每日照例往营帐内奉送食物，对外宣称，武王伤势过重，正在休养；一面派密使分别通知魏冉、向寿等人火速赶往燕国，通知我他已选定了我的大儿子嬴芾代理国事。

虽然武王驾崩一事，嬴疾和甘茂等人一直在设法掩盖，以等待接替武王的最佳人选出现，可是，纸终究没能包住人们心中蠢蠢欲动的欲火，人们很快就从种种迹象中猜出了端倪。

人们从武王举鼎受伤后一连数日不上朝，整个咸阳城一夜之间多出了很多手持重兵器的甲士，以及武王的寝宫里除了嬴疾、甘茂、魏冉等少数人把守，其余人一律不得入内等诸多反常行为中，猜出了武王已不在人世的可能。

并且，随着时间的推移，武王驾崩的消息，犹如一剂令人精神亢奋的神经毒素，令每一个人、每一个诸侯国都在跃跃欲试。

涉事的周赧王早已吓得束手无策，唯恐会给自己带来什么祸患的他，甚至还在国内遍寻上好的木料，为武王赶制了棺椁，准备随时到秦国负荆请罪。

燕国的燕易王及王妃也在时刻观望着，并且调集了兵马，一旦秦国有难，便立刻出兵援救。

秦国国内，嬴壮也一改往日对嬴疾的虎视眈眈，不仅对他百般媚态，而且还给他送去了大量金银珠宝。叮嘱他，如若武王有什么不测，一定要立自己为王。同时他还动员惠文后以老王后之尊，亲自到武王所在的蓝田大营去瞧一瞧武王本人，看看他到底是生还是死。

为了儿子的前程，同时也为了弥补自己与儿子嬴壮、嬴雍缺失的亲情，惠文后毫不犹豫地按照嬴壮的要求赶去了蓝田大营，去看一看武王到底是生还是死。

同时，为了逼嬴疾就范，对大王之位志在必得的嬴壮还纠结了武王的嫔妃嬴氏族人不断地向嬴疾逼宫。

机会总是垂青于有准备的人。确实，这样的机遇不是每个人都能遇到，更不会再出现第二次。他们选定我的儿子为王，这令身在燕国的我倍感安慰。至少，若许年来的飘零之苦没有白费。远离秦国的我，此际虽然不能为我的儿子做点什么，但我依然为他们祈祷，希望他们有一个圆满的结果，一个美好的明天。

秦国的一切，皆在庶长嬴疾的左右下周密地进行着。可是不久，我却接到了一封来自赵国的国书。原来，日益强大的赵国为了扼制秦国的发展，其国君赵武灵王决定拥立我的长子嬴稷为王，以此挑起秦国的内乱，然后联合其他国家，一举歼灭秦国。

为了能将我们母子成功送回秦国去，赵武灵王还同时动员了燕易

王，让他将我们母子送到燕国的边境，自己则再出兵接应直接将我们送回秦国的都城，借此来插手秦国的内政。

得知武王意外身亡的消息，我亦震惊无比。尤其是看完了赵武灵王送来的国书，我气愤不已。不论是稷儿，还是芾儿，他们一个是手心，一个是手背，都是我的肉。

不论我支持谁，支持的都是自己的儿子。不过，选在燕国为人质的稷为王，还有燕国和赵国这两个国家的支持，这多少又增加了几分胜算的筹码。

能回到秦国去，是我一直日思夜想的最大愿望。在燕国为质的五年时间里，我无时无刻不在思念我的故土，思念着我和大王共同营造出来的那个宠大的“家”。并且，为了能早日结束这种入燕为质的生活，远在燕国的每一天，我都咬紧牙关，竭尽全力地和燕国的每一个人搞好关系。

作为燕国的人质，没有大王的首肯，这样回去也不是件容易的事。尤其是武王驾崩，一切消息都还没有公之于众的时候，燕国突然送回一位公子，更有可能会引起秦国的大乱。

但是，大凡有成就的人，皆有敏锐的眼光，具有区分事物轻重缓急的能力，以及对事物判断的果断抉择。只有把握了事物的主动权，才有能力决定事物发展的最终方向。

此际，秦国的北面，夺取了榆中的赵国已对秦国形成了压顶之势；南面，一直对秦国耿耿于怀的楚怀王也对汉中、巴蜀等地垂涎已久。如果我拒绝了赵武灵王的要求，那么，秦、赵、燕三国之间便会纷争再起，秦国便会陷入更加被动的局面。

于是，我和稷儿当机立断，决定立刻出发。

季君之乱
韬光养晦，厚积薄发

自打坚定了回秦的决心，不论是我，还是秦国、赵国、燕国，抑或是惠文后等人，皆在为各自的利益忙碌着。

面对唾手可得的王位，嬴壮以惠文后嫡亲长子的身份，在秦王宫里大行其事。同时他还召集了大量嬴氏族人，又拉拢了武王后，分别在嬴芇、嬴悝的住处埋下了重兵，以防止他们在宫中逐渐成长的势力。

为了保护我们母子的安全，我的弟弟——已是秦国内卫将军的魏冉，也和白起一道，率领了一支三百余人的精兵，以送粮为借口，秘密地赶往了燕国。

赵武灵王也信守诺言，亲派了本国大将赵固，化装成燕国百姓，带着一只巨大的木箱，赶到燕国边境与燕易王的护卫队接应。

燕、赵两国的周密部署可谓天衣无缝。虽然，前面的路是一马平川，还是布满荆棘，我不得而知。但是，满足于眼前的一切，在异国他乡安然地度过余生，时局已不允许，秦王宫里的人更不会允许。人总是在为梦想而活着，不论何时何地，身处怎样的绝境，只要我们不灰心、不气馁，成功的路便不是那可望而不可即的水中之花。

此际的我，虽然成了赵武灵王和燕易王手里的一枚棋子，在利益的驱使下，被他们玩弄于股掌之间。但是，即使是处在一个极其不利的地位，只要善于从不同的角度对待问题，便能变被动为主动，将不

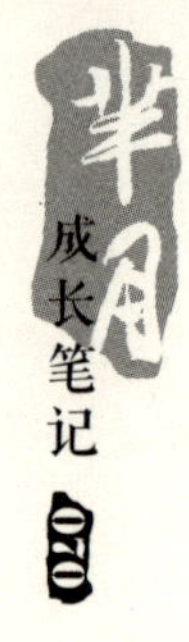

利的因素转化为能为我所用的有利因素。

之所以如此执著地前行，是因为我想改变现状，在我看来，与其这样被动地苟且偷安，还不如听任自己的内心，去和对手放手一搏。不论结果如何，困难多大，只有努力地尝试过、争取过，才不至于与成功擦肩而过。

临行前，因为赵、燕两国在我们回秦的计划上达成了一致，我按照他们事先设定好的线路一路前行。

但是，为了阻止我们母子返秦，得知消息的嬴壮立即调集了五百余精兵分别埋伏在赵国的邯郸，以及秦国的边境函谷关等处，并且告诫设伏的卫士："宁可错杀一千，也不能漏掉一个。"

在赵国的边境，我们很快就与嬴壮的队伍交锋了。因为是白起的队伍打前阵，以为我们母子就在其中的嬴壮队伍便不由分说，冲上去就和白起的人马拼杀了起来。在探得与自己交锋的正是嬴壮的主力后，白起便一面与其拖延时间，一面火速差人报告了魏冉，让我们改由函谷关方向的山路前行。

然而，函谷关是出入秦国的必经之地，一心想除掉后患的嬴壮自然也在此埋下了重兵，并且令以铁面无私、尽忠职守著称的嬴桑在此把守。

当我们一路赶到函谷关附近时，赵固又令手下将先前准备的两只大木箱里的蔬果、钱粮等拿了出来，让我和稷儿钻到里面去。

用大木箱装蔬果、钱粮等礼物送给别的国家，是诸侯国之间约定俗成的。一来表示诚意，二则这是规矩。虽然为了迷惑敌人的视线，临出发前，我与稷儿已换成了秦国士兵一样的衣裳，衣着打扮也与平常百姓无异。但是，让我们如鼠辈一般钻到木箱里去躲避，这着实令我难以接受。

或许，处在劣势的人，心总是脆弱的，以至于外界的丝毫刺激，到了卑微的我这里，都成了惊天动地、可以摧毁人的一切意志的猛烈弹药。

“宁可站着战死，也不能如此屈辱地生”，一直是我为人处事的准则。所以面对如此境遇，我悲凉地觉得，为了能回到秦国，为了那或有的前途，要如同小丑一般钻到这个方寸之处，这样的行为与其说是暂避，还不如说是逃避，是胆小、懦弱的行为。

年少的稷儿也在愤愤不平，且在向我反抗：“堂堂男儿，宁可与敌战死，也不能如此窝囊地苟且偷安。”

可是，情况紧急，紧随而来的嬴壮的队伍已与我们近在咫尺。每耽误一分钟，离我们越来越近的秦王宫里，就会多一分意外的变化。为了我们的安危，亦为了不使我们回秦的计划落空，大将白起焦急地跪在我们面前，请我尽快做出决定。

西汉韩信为保他人性命，一面忍受着众人耻笑的胯下之辱，一面默默积蓄力量，等待转败为胜的时机，终成一代名将；越王勾践因战败于吴，在吴国为夫差从事喂马、拉车等低贱之职，为洗雪耻辱，勾践在自己的住处悬苦胆，用柴草作褥，卧薪尝胆二十余载，终于在吴国毫无防备之时，领兵大败吴国，羞愧的夫差最终举剑自刎而亡。

人生的旅途，没有哪一条是一马平川的。有畅通无阻的坦途，也有荆棘丛生的低谷。不论处在怎样的境地，都只是一时的，更不会这样一直持续终老。忍辱负重地退，其实是为了能更好地前进。不怨天尤人，更不自怨自叹，在低谷中不气馁、不放弃，不断地积蓄我们的实力，相信总会有厚积薄发的时日。

按照白起和赵固的要求，我红着脸躲进他们的木箱，准备在函谷关口接受嬴桑的盘查。

秉性相似的人，不论距离如何遥远，年龄相差多少，总会因相似的轨迹而走到一起。大王的宗亲嬴桑，原是嬴壮府里的侍卫。只因他

性格耿直，行事铁面无私，一直为嬴壮府里的人所不容。虽然他拥有秦国王族的国姓，且深受右丞相嬴疾的赏识，但是他一直位置卑微。不巧，在一次嬴壮的生日宴会上，多喝了几杯的嬴桑又失手打翻了嬴壮宠妃的茶，嬴壮的幕僚们便以此为借口攻击嬴桑对嬴壮的宠妃有非分之想。

眼里容不得半粒沙子的嬴壮自然大为恼火，遂以此为借口，将嬴桑逐出了公子府。后又经嬴疾的几度调停，嬴桑方才到了这个偏僻的荒凉之所把守边关。

跟了不对的人，纵有千百年的努力修为，终究是一场空。和不同政见的人相处，即使是日日笙歌艳舞、顿顿琼浆玉液，也难以走进对方的心灵，难有思想火光的交汇。经此劫难，或许在宦海中体味了世态炎凉的嬴桑，亦看清了所谓的人和事。

虽然，此前嬴壮曾对他反复交代过，要严格盘查过往的每一个人，不要放过任何蛛丝马迹，一旦发现我们母子，格杀勿论。但是，与嬴壮相比，嬴桑似乎更同情我们母子的遭遇，对嬴壮一路追杀的行为颇为反感。

函谷关东自崤山，西至潼津，通名函谷，号称“天险”。因关口位于深山峡谷之中，深险如函，“一夫当关，万夫莫开”，函谷关方才有了此美谥。

伴着漫天黄沙，我们一路快马加鞭，匆匆忙忙地赶路，唯恐秦王宫里发生变化。嬴桑的人马唯恐漏掉一个可疑之处，遂早早地在关口布下了重兵，摆好了阵势，以应对一切可能发生的异常情况。

不久，我们果然在函谷关与嬴桑狭路相逢了。

哨卡林立的函谷关口，手持戈、戟、剑等兵器的守关甲士，将我们团团围在了中央。守城大将嬴桑带着手下在人群中逐一搜查。但在盘查的时候，在蓝田战场上受过伤，现在走路一瘸一拐的弟弟魏冉，却向他把话题直接挑明了。

魏冉、白起，以及赵固等近三百人的护送队伍聚集在了函谷关的城门处。

现场的气氛一时紧张到了极点。当嬴桑手持着画像，在队伍中来回搜查了两遍也毫无结果后，便将目标锁定在了位于队伍最后方的我和稷儿所在的两只大木箱上。

当嬴桑朝木箱的方向走来时，位于队伍中部的白起便握紧了手里的碧血剑，随时准备应对突变。众目睽睽之下，当嬴桑将手伸向木箱正要打开时，魏冉干脆用匕首抵住了嬴桑的腰，振振有词地向他道出了实情："你们要找的芈王妃母子就在里面。现在秦武王已经驾崩了，他们是奉右丞相嬴疾之令，回秦接替武王之位，继承秦国大统的。"

闻听武王驾崩，嬴桑虽然惊愕不已，但也似乎觉得早在他的意料之中。见嬴桑将信将疑，魏冉又继续道："武王要立公子稷为王，可壮公子不服，现在他正派人四处追杀稷公子，还有芈王妃。"

原本，对于魏冉等人的威胁，已令被置于弦上的嬴桑气愤不已。嬴桑亦非贪生怕死之辈，虽然只是函谷关的一员守城大将，但是在与楚怀王交锋的蓝田战场上，他奉嬴疾之令冲在队伍的最前方，一连身中数刀也毫不退缩。而后，因为嬴疾体恤其伤情，方才将其派到嬴壮的府上，成了嬴壮的侍卫。

闻听来者是奉了嬴丞相之令，嬴桑也一改先前严肃的口气。魏冉见状，赶紧将嬴疾的亲笔手书递给了嬴桑。手书称："武王因病驾崩，现迎立新王公子稷、芈月王妃回秦。"

此后，在庶长嬴疾的一路庇护下，阔别家乡多年的我，再次踏上了秦国的土地，再次回到了这个令我伤感、更令我思念的国家。

人只有经历了人生的低谷，才能看清周围的人和事；只有亲睹了生老病死，才会理解生命的真谛；只有经历了大是大非，才能冷静地

区分世间的善恶美丑。

此际，我与他们虽然只是隔着厚厚的木箱，但是他们的谈话，我却可以听得真真切切。虽然将我们母子送回秦国去，他们都有着各自的目的。但是，不论是我嫡亲的兄弟魏冉，还是秦国大将甘茂、嬴桑，赵国的大将赵固，皆在为一个共同的目标而努力，即把我和我的儿子嬴稷安全地护送回秦国去。

栖身于木箱中的我，既不能出声，也不能走到他们面前表达我的谢意。但是此际的我，亦在自己心中对他们默默地说了千万个“谢”字。

因为，我庆幸我自己，身边能有这样一群为了共同的目的而齐心协力的义士，为了共同的理想而勇往直前的不屈决心。

灵前晚宴

敢冒险，就有无限可能

诚如我在回秦的路上所预料的那样，当我和稷儿再次出现在秦王宫里的时候，整个秦国都沸腾了。

当我再次站在咸阳城的街头，阔别了五载的咸阳城，用喧嚣接纳了我。一张张熟悉而又陌生的面孔与我擦肩而过，对我而言显得是那么亲切，就连他们讲话的声音，都是那么熟悉。

人们不知道我是什么时候从秦国冒出来的。他们一直以为，在燕国落魄的我们，此刻正处在他乡的水深火热之中，而且秦国的局势如此动荡，我们是不可能回来的。

但是，嗅觉敏锐的人却知道，我们的突然出现，便已验证了武王不存在的事实。秦国的国内，接下来将会面临一场巨大的动荡。

一如岁月的轮回，改朝换代、王权更替，是每一个国家都要面临的。只是，这一次的更改，对于秦国的百姓而言，似乎来得太快、太仓促了，他们还来不及看清楚自己的王是个什么模样，便如流星一般瞬忽划过，要被新的王取代了。

彼时，咸阳城的城门处，秦国各部的王公大臣、惠文后，以及嬴荡的王后、嫔妃、美人已经列好了队，准备迎接我们母子归来。

虽然惠文后对我们母子返秦恨得咬牙切齿，但是，作为秦国的老王后，她在人前依然是一副雍容华贵之状，用热情的笑容迎接着我的

到来。

仅仅五载光阴，惠文后明显变老了。在时光的砥砺下，她那原本如玉一般紧致的肌肤，已经变得松弛、晦暗。头上的发髻，虽然精心挽过，但是显现在发间的银白，却掩饰不住她的沧桑与老态。

当着众人的面，我与惠文后虽然彼此寒暄着，并与在场的每一个人互道问候。可是在我们的内心，其实都在憎恨对方的存在，怨恨彼此打破了自己原有的生活轨迹。

脸上泛着热情的笑，内心却冰冷无比的我，在惠文后的牵引下，一同回到了王宫。

此际的秦王宫，每一个角落、每一片屋瓦都沉浸在死一般的静寂里，一如惠文后冰霜的脸。就连方才我们步入王宫时，进入王宫的每一个王公大臣，也都是心怀忐忑。

夺嫡风波，不仅是我与惠文后之间的战争，而且如潮水一般，蔓延到我们的子嗣身上。不管是公子壮、公子雍，还是我的儿子嬴稷、嬴芾、嬴悝，他们都是大王的儿子，机会对于他们而言，人人均等。

作为惠文后的长子，嬴壮这个曾被母亲的继子夺了王位的落魄之君，一直对母亲的所作所为怨恨不已。为了能使自己入主中宫，在嬴荡在位的五年里，他一直没有停止过对王位的觊觎。

作为王兄，在嬴荡正式登上王位的那一刻起，他便收敛起了内心的愤懑，终日围绕在嬴荡的左右，被嬴荡任命为庶长；作为惠文后的嫡长子，他又以长子的身份，联合了嬴氏族人，令族人们将各自府上的老兵一并交予了尚未掌兵的他。

听闻我们母子回秦，嬴壮手下的老兵也一并潜入了王宫，如硝烟一般，潜伏在咸阳宫的各个角落。只待嬴壮一声令下，这些视死如归的老兵便会迅速出击，置有碍他登上王位的人于死地。

人生其实是一场最大的赌局。

梦想、未来，利益、前程，我们都在用明天与自己的今天做豪赌。

只是，不管之前的赌注有多大，有着怎样的雄心壮志，最终的我们都在光阴的洗礼下，被重新洗牌，重新被打回到本来的形状。名利、荣辱、是非、成败，皆在我们离开人世的同时，被湮没入历史的尘埃。

此际，惠文后与嬴壮也在赌。一心为王的他们，在以决胜之心，赌着武王的死，赌着自己的生，赌着咸阳宫里那个或许空缺的王位。

自打我们回宫，惠文后就一直焦虑万分。她一直在打听武王荡的下落，只是，她着急的不是武王的安危和健康，而是武王是不是真的死了，她的儿子嬴壮有没有机会登上王位。

当日的朝会上，不待朝中的文武来齐，惠文后便抢先一步，站在朝堂的中央，当着众人的面质问嬴疾："该来的人差不多都到了，武王到底怎么样了，丞相你现在也该说实话了吧？"

嬴疾闻言，立刻命人拿出诏书，大声宣读道："予入周室举神龙九鼎，神鼎沉重无比，但为显我国臣民神力无边，予虽用尽全力成功举鼎，但伤情甚重，且将殁。今立遗诏，吾庶母弟嬴稷英武贤德，适宜为君。现传位于嬴稷，继承我秦国大统。"

嬴疾的"诏书"，犹如一颗掷在朝堂里的炸弹，"嗡"地一声炸开了锅。一时间，整个朝堂都是闹哄哄的，大家不停地交头接耳、议论纷纷。

这样的结果，同样也令我的两个儿子诧异不已。尤其是嬴芾，原本，已经做好了登基准备的他怎么也没有想到，原本已是定了的大局，到了最后的关键时刻，竟然被人轻而易举地改写了。

此前，我的长子稷，与我一起远在燕国做人质，位置与秦王宫相距甚远。虽然他与我在魏冉等人的护送下返回了秦国，但是年少的他怎么也不会想到，自己此次回秦是去登基做王的。他更不会想到，自己之所以能和母亲一道从燕国回去，是得益于赵武灵王的一片"好

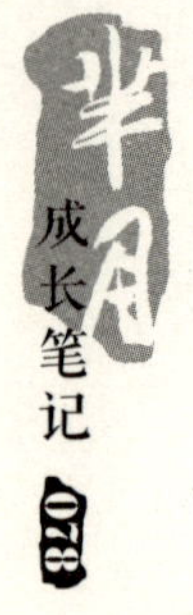

心”——赵武灵王想借送我们母子回秦、拥立嬴稷为王之机，来插手秦国的内政，致使秦国大乱。

回秦与否？接受还是拒绝赵武灵王的安排？立谁为王？临出发前，我一直纠结不已。

能够返回秦国去，与我的孩子们团聚，一直是我梦寐以求的。可是，此际的惠文后为了儿子壮能够登基，几乎聚集了族中所有的势力。我的二儿子嬴芾，此际也在嬴疾、向寿、魏冉等人的筹划下，排除了一切障碍。我们的出现，势必会引起嬴壮方面的警觉，同时也会令我的儿子嬴芾感到不安。

不难想象，已然开始为登基做准备的嬴芾会对此作何反应。在这个至高权力的诱惑里，王权交替，历来都是与血腥屠戮相依相伴的。纵使是骨肉兄弟，反目成仇、手足相残的事亦不少见。

可是，如若不允，此时秦国的北边，夺取了榆中的赵国已对秦国形成了压顶之势；南面，楚怀王对汉中、巴蜀垂涎已久。就此拒绝，两国之间必然会纷争再起，秦国很有可能会丧失更多的领土和主权。

世上原本没有路，走的人多了，便成了人们所说的路。路总是人走出来的，不去试试，又怎知有几分胜算？所以，尽管前面的路困难重重，甚至暗藏杀机，但是，为了我的儿子能坐稳王位，同时也为了我自己，远在燕国的我，毅然选择了回去。

棺椁是生怕秦国怪罪的周赧王，特地差人选上好的木料，打造了送来的，就停在咸阳宫的外面。

此际，得知结果的惠文后痛哭不止。虽然逝去的荡并非她所生，但是，人性的本真，想要将自己的儿子壮扶上王位的急切，再加上激动、愤懑、伤感，这种种情绪交织在一起，令她方寸大乱，就连哭声也变得歇斯底里。

她疯了似的，朝着嬴荡棺椁的方向飞奔而去。

嬴荡的棺椁就这样被人呼号着抬进了咸阳宫，又在王公大臣的纷纷谴责声中，被转移到了偏殿，搭设了灵堂，并择了吉时，准备于停灵的第三日巳时下葬。

对于嬴壮而言，我们的返回，无异于在他对我们本就旺盛的怒火上，浇了一把油。于是，在我们返回秦国的那一刻起，他便在王宫里设下了无数埋伏。

作为刚刚返秦的新人，惠文后、武王后处，我们母子自然是要去参拜的。而在荡儿清冷的灵堂一侧，惠文后、嬴壮和武王后，已经为我们精心准备了接风的晚宴。

酒宴丰盛无比，硕大的几案上，有高高的酒樽，有味道鲜美的牛羊肉，有惠文后的关切，更有武王后的笑脸。

酒，甘醇无比，还有散发着家乡味道的肉食和面饼，亦在触动着我早已辘辘的饥肠。只是，这样丰盛的晚餐，我却不能放心地大快朵颐。此际，不论是我、惠文后、嬴壮，还是武王后，都彼此各怀心事。

惠文后走过场一般目无表情地为我和稷儿夹菜、斟酒，询问我们在燕国的种种。而作为这场晚宴的总导演，嬴壮和武王后亦在我们面前表现得无比殷勤。也许是久未谋面的缘故，席间，惠文后破例收起了原先的冷酷，她怔怔地看着我，并不时用眼角的余光扫视那个身姿绰约的武王后，还有伴在我身边的稷儿。

惠文后从烤全羊的背部为我削下一块肉，放在我的盘子里。见我满眼疑惑，她又在烤全羊的同样部位削下另一块，当着我的面直接放在了自己嘴里。于是，我们彼此会心地笑了。

第二杯酒过后，我不胜酒力，脸开始泛红。

这时，一直在与嬴壮窃窃私语的武王后举起一杯酒，朝我递了过来。

武王后不仅年轻貌美，而且身材修长，加之她肌肤雪白，尽是华

美的味道。她纤细的玉指上，留着长长的指甲套。只见她在为我送酒前，指甲套有意地在杯中点了一下。

如此小小的伎俩，我已经见识过无数回了。而且我也明白，这样的一个小动作，意味着什么。正当我思量着接下来该如何应付时，惠文后却一把夺过武王后杯中的酒，将其倒在了地上。

果然，酒在地上泛起一阵白白的薄烟，很快就将地面灼出一块疮疤。我正惊愕地看着，惠文后却说："武王尸骨未寒，芈八子亦不胜酒力，这酒还是改日再喝吧。"

霎时间，嬴壮和武王后面若白纸。而我亦借此站起身，在嬴壮对惠文后的责备声中，悄然离开了。

杯酒释怀

智慧是女人内在的力量

在世俗的观念里，女子无才便是德。女子纵使没有读过书，不识字，只要她品性温良，甘愿臣服于男人的脚下，便是贤德。

这样的妄语，不过是男人用来约束女人行为的虚妄之词。没有学识，又何来分辨事物是非的能力；没有对生活的洞悉，又怎知世间的人情冷暖。

对于女人而言，要想在社会上立足，在人前博得一席之地，除了学识、见识，还要有沉稳的气度和处理事务的能力。尤其是在遇到突发事件时，要想成功掌控局面，必须要有清醒的头脑，和应变突发事件的机智。

次日吉时，荡儿的灵柩终于出殡了。

送葬的队伍浩浩荡荡，队伍的最前方，有武王后刚刚收养的义子为其披麻戴孝。高高的灵柩四周，雪白的经幡迎风飘舞，穿着白色孝衣的王公大臣、族中亲眷，也一个个神情哀伤、表情严肃。

当浩荡的送葬队伍朝着骊山的方向行进时，无处不在的刀光剑影也在与我同行。我情知嬴壮不会善罢甘休，所以在沿途增添了甲士人数。为了防止他与外部势力勾结，同时为了防范别的国家借机生变，我下令，每一个前来吊唁的诸侯国使臣人数不得超过五人。同时，嬴疾又另派一支队伍，在全城搜查嬴壮的那支死士。

在出奇的平静里，我们按照既定的仪式将武王嬴荡的遗骸葬于大王的公陵之北，整个陵墓呈覆斗型，封土高十余米，底边长七十一米，顶边长四十一米。随葬的兵器、玉器，以及生活宝器数不胜数。

当一件事情发展到顶端的时候，就会向相反的方向发展。比如，坏到尽头便是好，静到极致便是动。嬴荡的葬礼可谓一路顺风顺水，可是，这死一般的顺畅里，却总是叫人心生不安。

因为嬴疾一直在搜查的那支死士，至今仍下落不明。送葬的队伍中，神色诡异的人一直若隐若现，就连远方的山林，也犹如迷雾一般，缭绕着腾腾杀气，令人心神不宁。

时间就这样一分一秒地捱着。当葬礼接近尾声时，侍卫来报，送葬的队伍中，出现了许久不见的嬴壮的身影。我的心为之一紧，急忙令人加快进度，期盼着早一些结束仪式。

果然，当修陵的工匠们在武王的永陵上砌下最后一块砖，所有人开始集结返回咸阳城的时候，永陵附近的山头上涌出了无数手持利器的兵士，有的骑着战马，有的手持着长长的戈、矛、戟等，朝着送葬的队伍直奔而来。

臣工们见状，顿时慌作了一团。我急忙令嬴疾增派兵力，将在场的人护在队伍中央。同时命令芈戎，率五百骑兵与汹汹来袭的嬴壮大军正面交锋，同时，又令近千名弓弩手，在臣工队伍的前方排成数排。

前方，呼啸声越来越近，冲在队伍最前方的，正是消失了许久的嬴壮。此际，他正跨着一匹黑马，举着一柄大刀，朝我们直奔而来。

嬴壮来势汹汹，我与嬴疾等只得仓促地击鼓为号，令其放下屠刀，乖乖地束手就擒。可是，快速逼近的嬴壮大军丝毫没有停止的意思，相反，双目通红的嬴壮一边加速飞奔，一边朝身后的叛军大喊着：“捉拿叛贼，还我大秦。”

为了诸臣工的安全，为了保证局势不乱，就在嬴壮的人马快要接近我们的队伍时，嬴疾将手一挥，队伍前方的弓弩手手中的箭立即如雨点一般，朝嬴壮的军队射去。霎时间，嬴壮的叛军和嬴疾亲自率领的军队混战到了一处。

乱箭之中，嬴壮的人马有的中箭身亡，有的身受重伤。虽然他们伤亡惨重，但是却丝毫没有退缩的意思，而且，他们的人马很快就与负责安全守卫的诸将士混战在了一起。

手足相残、骨肉相争，这样的事，不论是我、庶长嬴疾、嬴氏族人，还是与此无关的旁人看了，都会于心不忍。可是，权力的诱惑，早已令身在其中的人迷失了自我，泯灭了人类本该拥有的真、善、美。

战乱一直持续到傍晚才被成功镇压。惠文后、武王后被一并押解回城。武王的陵墓四周，惨败的狼烟依旧在燃着淡淡的烟火。折了的战旗、断了头的铁戈，还有失了主人不知何去何从的战马遍地皆是。嬴壮本人也因拒不服从命令，死在了嬴疾、魏冉等人的刀下。许多无辜的百姓在嬴壮的蛊惑下，白白地成了武王的随葬物。葬礼，就这样草草地收了场。

此时，秦国的动荡还没有结束，与之相邻的楚、齐、赵三国的征战也一直在持续。为了能更好地遏制对方，赵国开始在国内实行“胡服骑射”的军事改革，并且与燕国、宋国结盟，以牵制魏国等国的发展。

秦国新王登基的时间被确定在公元前 306 年，此时此刻，作为新王母亲的我，较以往的责任更重了。接下来我要做的，除了在嬴疾、魏冉、芈戎、向寿等人的合力下，逐步将秦国的大局掌控在自己手中外，还要教导我年幼的儿子嬴稷，教他成为秦国的王以后所要遵循的行为礼仪，以及作为一个成功的王应该具备的治国手段和处世谋略。

之所以这样做，是因为后宫与朝堂，历来就是权利与争宠的博弈场。嬴稷年龄尚幼，刚刚返秦的他在秦国可谓根基浅薄，加之嬴氏族人一直偏向惠文后的嫡出正脉，在这个数派势力交锋的博弈场上，不论是谁，一旦失去主动权，便会沦为他人砧板上的鱼肉，要么被人随意宰割，要么从此跌入万劫不复的深渊。

在形势的逼迫下，我不得不用百般的努力，来维护我自己、我的儿女，以及我身边的每一个尊严。一棵树纵有参天之高，也不能成为森林。只有每一棵树都变得强大了，才能抵御外界的风霜，在接踵而至的危难中临危不乱。

新王登基的日子日益临近，原本紧张的咸阳城也渐渐恢复了往日的热闹景象。咸阳城的街头车水马龙、人来人往，就连清冷了许久的演武台，也恢复了往日的活力，开始有人在上面比划拳脚，附带着人们的阵阵喝彩声。举国上下都沉浸在一片欢腾的气氛里，可是，唯独咸阳宫东侧的嬴芾府却是一片萧条。

此际，在王位竞争中落选的嬴芾正意志消沉，他已经许久没出过门，终日在歌姬们的陪伴下借酒消愁。

虽然在与惠文后的争斗中，我的儿子暂时取胜了，但是嬴稷、嬴芾、嬴悝都是我的孩子，他们当中无论是谁心有不快，抑或遇到什么委屈，作为母亲的我都会愁肠百结。

我担心，我的临时改变会令他们兄弟之间从此结下仇怨。为了防止手足相残的悲剧上演，在解决了朝中事务后，我立刻带着嬴稷、嬴悝直奔嬴芾的府上。

是时，芾儿的府上混乱不堪，除了不绝于耳的音乐声，就是满地的狼藉。芾儿瘦了许多，正趴在案上自斟自饮，对于我们的到来，他也故意装作视而不见。

芾儿憔悴至此，我不免心里为之一酸。他们每一个都是我的心头肉，不论是谁有何不测，都会令我肝肠寸断。

我悄悄地走到芾儿身边，并且屏退了围绕在他身边的歌女和侍从。

我想摸摸他的头，可是，作为母亲的威信却使我只能对他加以言语的劝导。于是，我缓缓地坐在了芾儿的对面。

烂醉如泥的芾儿抬起头望了我一眼，嘴角露出一丝冷笑，然后依旧把头埋了下去。在三个儿子当中，其实我一直是偏爱芾儿的，他性格沉稳，做事不张扬，同时又关爱百姓、体恤下人，在亲眷中一呼百应，故而才成了嬴疾等人眼中王位继承者的不二人选。可是，只因赵武灵王的“好心”，秦国的一切就这样被改写了。

一切已成定局，我不能再多说什么，更不能给他承诺什么了。看到芾儿如此难过，不胜酒力的我此刻只能与他对饮。数杯酒下肚，芾儿依旧对我不理不睬。直到看不过去的悝儿愤怒地训斥他不能对母亲如此无礼时，他才有气无力地抬起头，睁着惺忪的眼问我，是不是看他的笑话来了。

芾儿此言，证明他确实醉了，而且还醉得不省人事。为了唤醒他，让他接受现实，快些振作起来，我不得不提高嗓门，对他厉声训斥：“笑话？什么是笑话，你以为我的话是儿戏吗？”

“那为何母亲当初立了我，又突然朝令夕改，立了他。”愤懑不已的芾儿还一把指向了始终一言不发的稷儿。

尽管芾儿的话听起来是那么刺耳，但是这对我而言，却是不小的进步。于是，我不假思索地反驳道：“对，我当初是打算立你为王，包括你的长叔伯嬴疾，舅舅芈戎、魏冉都想立你。因为你人在秦国，不论是地理位置，还是处世才学，都不在你的兄弟们之下。”

芾儿想反驳，但是他张了张口，却没有出声。我又向他举了举杯，继续道：“赵国、燕国、楚国，哪一个国家不是在对我秦国虎视眈眈。还有那个赵武灵王，你们以为他就真的是那么好心，不忍看着我们在燕国受苦把我和你们的哥哥送回来吗？他们无非是想借机让我们在自己内部先乱起来，好乘机下手。可你们倒好，外面没乱自己却先乱了。

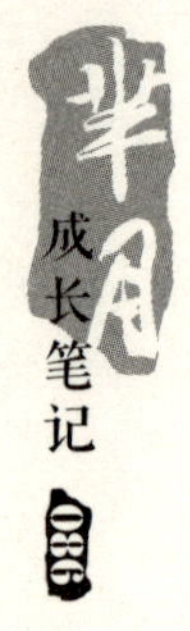

你们是不是想称了那举兵来袭的赵、燕、楚、韩几个国家的意，让他们将我们一网打尽？”

闻听此言，芾儿不再说话了，先前浓浓的醉意似乎也清醒了大半。此际，他只是低着头，认认真真地听着。

于是，我提高了嗓门，继续对在场的三个儿子道：“武王葬礼上那场叛乱，原本就是嬴壮处心积虑地想要将你们置于死地。好在当时嬴疾、魏冉、芈戎，以及向寿等提前做好了应对的准备。还有你们的哥哥嬴稷，他先发制人，调动数千甲士，将叛军镇压下来，叛贼也被当场刺死。”

见儿子们的表情有所缓和，我才改换了口气，柔声地告诉他们，兄弟齐心，其利断金。他们兄弟三人，不论是谁当了王，其余的人都是大秦国的顶梁柱，都是他们兄弟离不开的左膀右臂。嬴稷当了王以后，他也离不开嬴芾、嬴悝两个兄弟的支持。

在我不断的劝说下，芾儿终于幡然醒悟了。他用袖子拭了拭脸上的泪，朝我和嬴稷、嬴悝分别鞠了个躬，道：“母后，孩儿知错了，都怪孩儿立功心切。日后，孩儿一切听从母后的安排，全力辅佐哥哥。”

心结终于打开了，压在我心口的石头终于落了地。我一把搂过三个儿子，眼里流下了激动的泪水。

是夜，在芾儿的府上，为了嬴稷的登基，为了大秦国的将来，我们母子四人一直谋划到次日天明。

对手伏诛
成大器者不只是男子

一个国家的生存与发展，离不开各种力量的存在。这些力量虽然同在一个共同体里，但是彼此之间却是互相制约、彼此牵制的。而要想在这其中取得一席之地，不仅需要能力的对决，更需要智慧的交锋。

在将嬴壮这个强大的对手成功镇压，又成功解开孩子们的心结，做好内部的安抚之后，我们距新王登基的时日便又往前进了一步。

只是，在整个咸阳宫都沉浸在欢乐气氛中的时候，咸阳宫另一侧的嬴雍府，也在分外忙碌着。嬴雍是惠文后的第二个儿子，因为亲眼目睹了母亲和哥哥们的态度，所以自小生得体宽脸圆的他，便对母亲和哥哥们不怎么亲近。

对于王兄嬴荡、兄长嬴壮的离去，他非但没有半点哀伤的情绪，反而加快了夺取王位的步伐，在宫里四处活动。

因见哥哥嬴壮与嬴疾等人正面冲突死在了对方的乱箭下，他便改变了以往对嬴疾等人敌视、抗拒和不合作的态度，改为主动示好的柔忍策略。

哥哥们的死，不见他有半点伤心，母亲因失去儿子痛苦无比，亦未见他对母亲做丝毫安慰。相反，他却带着厚厚的礼，到了嬴疾的府上。

彼时，他背着手在嬴疾的住处环顾了一周后，便盘着腿在厅堂中央坐下了。嬴疾的面前，他一改往日高人一等、傲然于世的态度，换上一副假意的笑脸，道："庶长，不，庶长叔，我听说您在公陵镇压叛贼嬴壮时，态度果断，出手迅速，这着实令侄儿佩服。叔叔您做得对，无论是谁，是叛贼就该诛杀。只是，如今荡哥哥不在了，壮也被您就地正法了，可王位总要有人来坐的。您看，如今的朝堂上，父王嫡亲的儿子就剩下我了，于理于法，这位置都非我莫属。芈八子那女贼，不知天高地厚，非要让他的儿子来鹊巢鸠占，叔叔您可不能坐视不管啊！"

嬴雍自幼懒散、不务正业，平日里只知声色犬马，故而，诸公子中，他只得了个六艺馆学士的闲职。叔叔嬴疾见他一直不思进取，便心直口快地苛责他要向武王荡和兄长芾学习，将来也好成就一番事业。然而对于长辈的指教，嬴雍非但不听，反而一直怀恨在心，对嬴疾处处充满敌意。

如今，这个不听话的侄儿不请自来，说话的语调亦和往常一样颐指气使，嬴疾顿时气不打一处来，把脸一横，冷冷地道："什么鹊巢鸠占？那日，当着满朝文武的面，武王遗诏上的内容你没听清楚吗？"

"天底下谁不知道，那个诏书上的'王'是个冒牌货。荡和壮都不在了，我才是父王的嫡长子。立嫡不立庶，叔叔难道这点礼法都不知道么？"

"你这是在威胁我吗？"

"这我可不敢。不过叔叔您看，朝中的老世族对我呼声很高，您这做叔叔的到时还得帮忙一二不是？"

"没想到，我的侄儿为了王位，这么厚颜无耻啊！"

"你……"嬴雍的脸色骤变，随即拂袖而去。

对于嬴雍的无理托请，嬴疾很快就差人向我报告了。

我情知又一场血雨腥风即将在这个王宫里上演，遂立即招来魏冉、芈戎和向寿商量对策。作为一个母亲，虽然我对嬴雍的所作所为极其鄙视，但是相比而言，我的儿子们却令我倍感欣慰。此际的他们虽然年少懵懂，但是他们心地良善，品行端正，并且时时团结一心。

做一个堂堂正正的人，诚信谦让、不妄自尊大，处在高位也力求谦卑，不被欲望所诱惑；既爱护贤能，又体恤贫苦。唯有如此，才能凝聚起一个国家、一个民族向上向善向美的正能量。

虽然在嬴疾处碰了一鼻子灰，但嬴雍并不甘心。他又找到了族里的老世族。彼时，族人们正在对嬴壮的死愤愤不平，所以嬴雍的一番恳请，正中了他们下怀。于是在嬴雍的鼓动下，他们纠结了近三十人的老老少少，直接闯进了我的寝宫。

虽然这是遥远的春秋战国时期，人们的贞操观、是非观还有些混沌不堪。但是，我的寝宫毕竟是一个女人的私人处所，一个秦国王妃生活的私人空间。如此胡作非为，与其说是对我这个“芈八子”的藐视，还不如说是对先王的不敬。可是他们无视这些，不待我的侍女禀报，便径直地闯了进来。

来者不仅人数众多，而且个个面容狰狞。我的侍女被吓坏了，赶紧上前阻拦，可是，老世族们却一个个义愤填膺，叫嚣着要我本人出来跟他们对质。

当一个女人被别人欺凌时，顺应他人地束手就擒，代表的是懦弱；面对他人的有意刁难，如若乱了方寸，更会助长他人的嚣张气焰。女人原本是柔弱的，不可能像男人那样，与对方兵戎相见，更不可能用拳脚和他们放手一搏。此时此刻，我们需要的是聪明的智慧，处理复杂事务的能力，还有处变不惊的冷静头脑。

虽然，这样的事我不是头一次经历了，但是此刻的我，依然担心自己如若出言不逊，会予人口实，给我和我的子女、亲人们带来更大的麻烦。平素，凡事崇尚节俭的我，连住处都只有简简单单的一案书、

几个衣箱，和一个用来整理衣冠的铜镜。

可是如今，事情已经摆在眼前，门外那些狂躁的人以不见到我本人、不在我这里要个说法誓不罢休的气势，已经令我只能前进、不能退缩了。

我只有反复地告诫自己，遇事要沉着冷静，所有的话要想好了再说，不要轻易许诺，更不要轻易答应别人什么。

于是，我在秘密地派人通知我的兄弟芈戎之后，便命人沏了茶，面带微笑地走了出去。

在嬴雍等人的傲慢目光下，屏气凝神的我向在场的人一一施了礼，又命我的贴身侍女向为首的嬴雍赐了座、奉了茶。

人们见我的态度还算谦卑，便不再大声喧哗了。

这时，人群中一个须发苍苍的老者问道："芈八子，废话我们也不跟你多说了，我们来只是想问问，遗诏是怎么回事？自古以来，长幼有序，嫡庶有别。这王位怎么就传到你这个庶出的嬴稷头上去了？"

武王驾崩时，不曾留下只言片语。武王虽有妻室，也立了王后，可是年轻的他还不曾有子嗣。如今武王不在了，朝中的大局是由庶长嬴疾在主持。有了他的首肯，稷儿的继位便不存在篡位一说。

于是，我顿了顿，笑着回复此人道："这么说，您认为这诏书是假的了？"

"难道是真的？"

为了震慑对方，我收敛起笑容，冷冷地道："诸位伯叔公，明日便是稷儿的登基大典，你们如此关心他的成长，月儿在这里先代稷儿谢过各位了。只是，为了咱大秦国的安危，还请各位前辈顾全大局，不要再生事端了。"

"这么说，你是想打发我们走吗？我跟你说，立谁为王，我们也有权利发表意见。再怎么也轮不到你这个庶出的头上。"

闻听“庶出”二字，我也火了。

没有哪个女人生来就愿意做妾做小，更没有哪个女人会心甘情愿地去和另外一个女人分享自己的丈夫。做了别人的妾小，便再也做不得体面人。尽管我深得大王的宠爱，且集万千宠爱于一身，但是我的存在，却是大王和惠文后之间的一粒沙，两个国家之间一个交易的筹码，男人传宗接代的一个工具。

尽管此前，我一直在克制着自己的情绪，尽量不与他们发生正面冲突，并用拖延时间的办法等待着援手来替我解围。可是，这两个字却犹如一把尖刀，深深地扎在了我的心上，令我的心不停地滴血、颤抖。

只是，明天有关朝上的一切已准备就绪，人只要不被打垮，其意志就能战胜一切。如今的我，又岂能因眼前人的羞辱而乱了方寸，所以，此际的我依然选择了忍。

不久，我的援军——弟弟芈戎就带着人赶到了。

芈戎到来时，也是一脸的笑容。他笑着告诉在场的人，这里是先王的后宫，是女人住的地方，一大群男人在女人的寝宫里吵吵闹闹，不成个体统。并用在别的府邸为他们备了酒宴的谎言将他们请了出去。

在芈戎所说的府邸，等待他们的自然又是一场血腥屠戮。他们无一例外地全都死在了我弟弟的刀下。

当日，我的儿子嬴稷穿上王袍，坐在咸阳宫的王位上，嬴雍企图抢先一步占领王位、就此定了大局的梦想破灭了，他连同围绕在他身边的近百死士，被早就守候在此的魏冉、芈戎一并就地正法了。

秦国新一代帝王秦昭襄王就这样诞生了。或许这样做，手段太过残忍，抑或会有人骂我没有人性。可是，王朝更替，天道循环，哪一朝、哪一代又何尝不是如此?

第四章

守业

自信才是永恒的春风

芈月说："我的前半生虽然靠在男人身上，其实，没有男人同样也能傲然独立。"

广纳贤良
打造自己的智囊团

公元前306年，秦国向天下诏告：“秦惠文王之子嬴稷英明贤德，治国有方，名在当下，利在千秋。今顺应天意，册封为王。秦惠文王八子芈月贤良淑德，仁政爱民，清廉俭朴。为整饬朝纲，辅佐新王，特封为王太后。”

“王太后”实为“女主”，是端坐于昭襄王的身旁，督促和辅佐其向天下发号施令、行使其王权的女人，是大秦国实际意义上的“君主”，就连新立的昭襄王也要向其行使君臣之礼。

这样的封号，前无古人，开历史之先河。自打有了“太后”这个称谓，后世的封建王朝一直在沿用着。

是日，咸阳宫的朝堂上，一袭盛装的我，在儿子昭襄王的陪伴下热情地招待着各国的来客。

因为是新王的登基大典，场面自是无比热闹。除了秦国的百姓、朝中的百官，还有与我们结了盟的燕国、魏国，以及视我们为眼中钉的楚国、韩国、赵国，乃至数次想要联合别国一起来攻打我们的齐国，周边的中山、义渠等小国都派来了使者，向我们表示朝贺。

当人站在最高峰时，实际上也是最为孤苦、最为无助的时候。

要想保住用鲜血换来的江山，稳固地传递给后世，首要的便是，在取得胜利的时候，及时培养出属于自己的势力，对自己的亲党及时予以回报。回报的最好办法便是大肆分封，在物质和精神上给予其充分的肯定，以不断巩固其地位，增强其积极性。

我任命我的兄弟魏冉为将军，封爵穰侯，卫戍咸阳，令其执掌秦国的兵权；封母族中的兄弟向寿为秦国宰相；封同父同母弟弟芈戎为华阳君，封地华阳；封公子芾为泾阳君，封地泾阳；封小儿子悝为高陵君，封地高陵。他们在秦国都有着煊赫的权势，分别执掌着秦国各部的要害。

为了能团结一切可以团结的力量，对于前来朝贺的各国使者，我也无一例外地进行了赏赐。我一改先前张仪数度戏楚的策略，在册立嬴稷为王的诏书诏告天下后不久，便派了使臣带着重金到楚国，向楚怀王表达了秦国要与楚国联姻的意愿，并且告诉楚怀王，在嬴稷的登基大典之后，本是楚国女儿的我，不日便要回到自己的娘家，去拜访家乡的亲人，拜见雄霸一方的楚怀王。

当庆贺大典还在继续，人们还在对新王和我的赏赐津津乐道时，一双熟悉的眼睛却出现在了我的面前，他便是曾与我有过数次交手的义渠王。

在我的印象里，喜欢戏弄女人的义渠王算不得什么正人君子，尤其是他当着众人的面，用带着威胁的口气对我称："齐、楚、韩、魏都在抢你这块'肥肉'，现在我们也起了兵，不日也会来攻打你们秦国，你最好也赏赐我几座城池，如此方能保得你们安稳。"一种本能的抗拒立即从我心间升起，我恨不得立刻派人把他杀了。

但是，此际的我已经套上了权力的枷锁，不再是平常的百姓之身，不能随意地喜、随意地乐，随意地为所欲为了。我的每一句话、每一个承诺代表的都是秦国的主张，关乎着整个秦国的命运。有时甚至是一个小小的失误，便有可能使我的国家、我的子民遭受灭顶之灾。

尽管义渠国在秦国的数次打击下，早已国力衰败，内乱重重，对

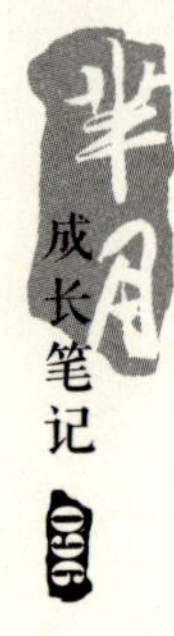

秦已经没有了先前的嚣张。但是此际，秦国的动荡刚刚结束，为主的仅仅是一对年轻的孤儿寡母，这样的处境，势必又会给妄图进攻秦国的人以可乘之机。

义渠王的话里充满了挑衅的味道，现场也顿时冷了下来，人们纷纷把目光集中在了我这里，并对一个由弱女子来执掌朝政的国度表示不屑。

此际的我已无处可逃，于是，我冷冷地告诉义渠王："我大秦国地大物博，只怕你要不起。"

"有什么要不起的，只要你肯，你的人我都要。"不待义渠王说完，现场一片哄笑。

我冷着脸，对他一副极为不屑的表情，可是他依然不依不饶，似乎不在我这里得到点什么决不罢休。魏冉担心义渠王会节外生枝，立刻用剑抵在他的喉咙上，怒喝道："义渠王如此跋扈，当心你的脑袋。"

有备而来的人，遇事是不会慌张的。虽然秦国曾以平定义渠国内乱之名，使义渠臣服于秦。但是义渠人刚强勇猛，同样尚武的他们，实行的是全民皆兵制。每遇战争，义渠的男子全都要到战场上去，并信奉"以战死为吉利，病终为不祥"的誓言，义渠的国力由此长盛不衰。

尽管早在公元前 314 年，大王便调集重兵从东、南、西三面入侵了义渠，将义渠的二十五座城池归为己有，致使义渠的疆土面积大大减少，可是义渠的反抗并没有减弱，相反，傲气十足的义渠人还在时刻准备着，准备对秦国进行反攻。

此际的秦国，虽然在与魏、韩、齐、楚、赵等国的交锋中，略占了上风，但是，国内依然动荡不安，刚刚确立的政权还需要一定的时日来进一步稳固。此刻，义渠王的此举，无非是想乘秦国的劣势，再放手一搏，由此扭转义渠的不利局面。虽然凭借秦国的实力，完全可以置义渠于翻覆之间。可是，与义渠相关的赵国、魏国、齐国等，却如守候的恶狼一般，也会乘势而上。

与其正面讨伐，还不如避其锋芒地侧面拉拢，用对方的强势来弥补自己的弱势。

男人大多是用下半身思考的动物。对于女人的感觉，亦源自身体里荷尔蒙的变化。女人，不管聪明与否，勤快与否，拥有漂亮的脸蛋便是战胜男人的资本。

于是，当义渠王用同样冷酷的眼神“回敬”魏冉，并用手指捏住他的剑柄，将剑挪到一边，称义渠不日就要与楚国一道来攻打秦国时，我便打定了主意，要用女人的美丽来融化这个野心勃勃的动物，将他的一切雄强为我所用。

朝会散去时，我把义渠王留了下来，并把他带进了我的寝宫。

在旁人异样的目光中，他跟随我的脚步，进入了我的寝宫。当为我掀起帘帷时，他的心里也明白，自己的所作所为意味着什么。

义渠王高大威武，且与我年龄相仿。曾经有过的交往，是我们彼此熟识的基础。

寝宫里，我屏退了所有人，只剩下我和义渠王两个人。我的柔情令他面色羞红，我的一颦一笑使他如沐春风。当我无力地问他要多少城池时，他却目不转睛地凝视着我，郑重其事地对我说：“我只要城池里的人。”

一直以为，这个桀骜不驯、且与我纠缠不清的男人，对我的所作所为只是对女人的戏谑，和对女人习以为常的无礼，都是为了政治，为了义渠的发展，万万没想到，原来他也是有真情的。

不知是因为刚刚做了太后的感慨，还是不愿意被他人所左右，义渠王的话竟然令我的双眼有些湿润了。

于是，当我试着用潸然而下的泪告诉他，我需要一个坚实的肩膀、一个温暖的依靠时，他立刻温柔地向我许诺，只要我肯和他在一起，他愿意为我牺牲一切，愿意为我做我想做的一切事情。

这话语如此的熟悉，一如我刚来秦国时，在那段如银的月光下，将我劫掠、逼着我和他就范时的情景。为了稳住秦国的大局，还昭襄王一个稳固的朝堂，心怀国家和儿子未来的我，将眼前这个对我信誓旦旦的男人，当作了一场交易。

于是，在他的面前，我故作柔情，令他对我的爱深信不疑。而他，只要不言战事，秦国的边关便可由此一片安宁。

虽然我们实行了远交近攻的策略，与燕国结盟，对韩国发兵攻其宜阳，并灭了蜀，夺了赵国的中都、西阳等地，但是此际，秦国国内的政局依然未稳，刚刚被大王和秦武王打压下去的齐、楚、魏、韩、赵等国，也再次露出了狰狞的獠牙，准备再一次集结数国力量，来一次合纵攻秦。

一个国家，即是一个团队，而一个团队的强大与否，与团队里不同成员的共同努力息息相关。于是，当危机来临时，我想到了我的母国——楚国。楚国在当时的诸侯国中属于大国、强国，与其用征战、讨伐的法子与之较量，还不如对其拉拢，将其施与的阻力，变成可以为秦所用的强大动力。

公元前 305 年，当昭襄王顺利登上王位后，为了巩固其王位，打破魏、韩等国合纵攻秦的策略，我以秦国王太后的身份，回到自己的母国——楚国，并用了最为直接的联姻的法子，为自己的儿子迎娶了楚怀王的公主叶阳为后。同时，又将秦国的女儿嫁给了楚国为妻，使秦、楚两国的关系更加稳固了。

原本，我是楚国的女儿，是为秦、楚两国联姻才嫁到秦国去的。

只是，秦、楚两国连年征战，楚怀王又被国相张仪数次戏弄，所以成了秦国王妃的我再回到楚国时，“家”已经不是原来的那个家了。

楚怀王远不及他的父亲楚威王励精图治，体态臃肿的他，不仅优柔寡断，而且贪婪好色。于是，针对他的这一弱点，在他专门为我设的欢迎宴席上，我笑靥含春，纵情地与他把酒言欢，并故作娇嗔地和他述说着有关楚国和秦国的往事。

再回楚国，我又重见了故乡的人，再次踏上了我那熟悉的山山水水。并且用对付义渠王的法子，成功化解了秦国与楚国之间的恩恩怨怨。

在我入楚的当年，我的儿子秦昭襄王嬴稷便迎娶了楚怀王的女儿叶阳为妻，而我们亦在嬴氏子侄当中挑选了一位俊美的姑娘，嫁给了楚怀王之子。次年，我又约楚怀王在靠近秦国的边界棘阳城签下了约定秦、楚两国永世交好、永不再战的盟约，是为黄棘之盟。盟约中的"黄"字，代表签订盟约时楚国所驻扎的位置；"棘"字则代表签订盟约时秦国所在的地方。

从此，秦国与楚国结成了昆弟之国，两个国家的关系较以往更加稳固了。

在酒精的作用下，楚怀王显然是被我的柔情迷惑了。对我的每一个恳求，他都一一应承，对我提出的秦、楚两国从此不言战事、永世交好的主张，他也大加赞赏。

自从秦国与楚国签下结盟的国书以后，很长的一段时间里，楚国与秦国都相安无事。而楚国也感到，自己与秦国结盟以后，国力也大大增强了。

围魏救楚

守信，是事业成功的根本

楚国背弃与齐、魏、韩、赵等国的盟约，转向与我们的结盟，从另一方面而言，亦是一种背叛。

所以，楚怀王的所作所为，立刻引起了他国的敌视。原本对楚国寄予厚望的韩、魏两国，对于合纵一事也顿时失去了信心。

尤其是齐国，对楚国公然亲秦之举甚是不满。齐国担心，楚国一旦与秦国交好，必定会使秦国的国力更强，他国的国力更弱。为了排除这个潜在的危险，齐国数次派人到韩、魏等国游说，打算联合韩、魏、齐三国的力量来一起攻打楚国。

敌况传来，此际的楚怀王也不再如以往那么慌张了。因为自从楚国和我们结了盟，楚怀王便认为，秦国这个号称宣太后的女人被自己揽在了怀中，如今的楚国已是如虎添翼，没有什么可惧怕的了。

一接到齐、韩、魏三国的战书，楚国便以迅雷不及掩耳之势向首先发难的韩国出了兵。

无论是人与人之间，还是国与国之间，遵守诺言体现的是品德的好坏，以及一个国家的综合素质如何。

在楚国的迅速反击下，韩国很快被打得落花流水。而作为楚国的盟国，当楚国遭受齐、韩、魏三国袭击的时候，我们也在用实际行动支援楚国。

为了防止楚国腹背受敌，在接到楚已对韩出兵的消息后，我们也快速出兵，帮助楚国加强防守。我们将兵力分别驻扎在函谷关和魏国的边境，以造成对魏国的震慑，使其不敢轻举妄动。

楚怀王的大军所向披靡，使得韩军节节败退。

韩军溃不成军，只得向齐国求援。齐国虽是韩国的强大依靠，可是，齐、韩两国相距甚远，远水救不了近火，韩王只得转而向我们求助了。

秋日的咸阳宫，换了年轻新主的殿堂，再次焕发出勃勃的生机。此时的我们，也因难得的太平，正一家人其乐融融，沉浸在为人母亲、为人儿女的欢愉里。

“四牡騑騑，六辔如琴。觏尔新婚，以慰我心。”在昭襄王登位的次年，我便令他与楚怀王的女儿叶阳完成了婚礼。

新王大婚，场面虽然不及新王登位时那样宏大。但是，迎亲的车队长达数里，楚怀王之女除了陪嫁的无数金银器物，还有刘姬、陈嬴、郑姬三位夫人，外加六位“如夫人”。整个仪式堪称自新王登基大典之后的又一盛况。

当昭襄王的婚礼接近尾声的时候，内侍忽然来报，韩国的使者来秦，声称：“我们正在与楚国交战，现已国力不支，希望能得到贵国的支援。”

其实，对于齐、楚、韩、魏四国互相攻击的消息，我虽然未出宫门，但也早有所闻。而我们之所以和楚国亲近，目的就是破韩、魏、齐、楚等国的“合纵伐秦”之策。

此时，初登大宝的嬴稷正意气风发，颇想在人前有一番大作为。所以立刻应允了韩使的请求，准备向楚国派兵。可是，年少气盛的他又怎会想到，他的此举，对于他的岳父楚怀王意味着什么。秦国背信弃义之后，又会换来一个什么样的结果。

当初，楚怀王违背了与齐、魏、韩三国之间的誓言，转而与秦国结盟，楚怀王由此成了列国的众矢之的。也正是由于这个原因，不甘受辱的韩、魏二国，才会大举向楚国进攻。

楚国的威胁便是秦国的威胁。此前，我曾与楚国签下永不再战的盟约，此刻，如若我们应允了韩国的请求，便是背信弃义，之前的一切努力，也会因此而前功尽弃。

虽然弱楚并灭了齐、魏、韩，一直是秦国多年来的夙愿，可是，当秦国的实力还不足以与别的国家抗衡时，我们只能遵守当初的承诺，不断地积蓄力量。

尽管此时的昭襄王信誓旦旦，并已调派了兵马，准备即刻出兵。但是为了避嫌，我依然拦住了他，并责令他不准与韩使会面，更不能给他任何好处。

楚国自从有了我们的支撑，在与他国交锋时，也显得底气十足起来。齐宣王不得已，只得调遣十五万兵力，火速赶往楚国。

被楚国逼得奄奄一息的韩、魏两国，此际有了齐宣王的出手相助，立刻来了精神，举全国兵力准备与楚对抗。

楚国原本是六国中的强者，不仅国力强大，而且地域辽阔。只因楚怀王贪婪好色、荒废国事，如今渐渐没落成了一个兵力匮乏、人心涣散的虚空之邦。

东西破了可以弥补，可是人心散了，即使设法再聚拢，人与人之间也会结下芥蒂。当楚国背弃与齐、魏、韩三国的盟约转而与我们结盟后，所遭受的负面能量也越来越多了。

当齐、魏、韩三国开始齐发力对楚国发难的时候，楚怀王顿时慌了神。

楚国的兵力不堪一击，自然无法抵御来势汹汹的三国联军。仅仅数个回合，楚怀王便丢失了六座城池，他自己也被打得丢盔弃甲。

楚国命悬一线、危在旦夕！楚怀王别无他法，不得不来向我们求援。

如今的楚怀王，不仅是我们的盟友，更是我儿昭襄王的岳父、我的儿女亲家。亲人有难，我们焉有坐视不管之理？

可是，救与不救，出不出兵，是国家与国家之间的事。尤其是在群雄争霸、战乱四起的年代，对一个国家的慷慨，便是对另一个国家、甚至是对本国的残忍。

临行前，我一直在掂量着该如何出兵。儿子昭襄王也为此焦虑不已，他的王后叶阳也在一旁黯然神伤，不知该如何是好。

尽管楚国已被来袭的三国重重包围，被打得遍体鳞伤，但它只需有短暂的喘息之机，便可恢复元气，再度与秦对抗。而最好的破解办法便是，暂时按兵不动，借齐、魏、韩三国之手削弱楚国的力量。

于是，我按捺住激动的心情，令昭襄王稍安勿躁，并对楚怀王的请求一拖再拖。

楚国的战场上，楚国因失去了盟友的帮助，很快就命悬一线了。

对于楚国的困境，于情于理我是不能不救的。但是，我也不能任楚国自由发展。从另一个角度而言，即便是出手救了楚国，秦国对楚国也要有一个约束，而不至于在楚国恢复了元气之后，秦国对其无法驾驭。而这个约束，便是楚怀王的太子熊横。

彼时楚国的战场上，楚怀王正在为接连不断的败况寝食难安；而楚国的朝堂上，他的儿子们却在为太子之位而骨肉相残。公子之间的亲情，寡淡得如同一盘散沙。

虽然楚怀王早已立了熊横为太子，可是，同样想继承王位的公子子兰，却对楚怀王的决定甚为不满。为了夺取王位，他通过一系列秘密活动逐渐掌握了楚国的军政大权，并且与上官大夫沆瀣一气，诬陷楚怀王的得力干将屈原与楚怀王的宠妃郑袖有染。屈原对此百口莫辩、愤懑不已，他见楚怀王又要将太子熊横送到秦国做人质，更加气愤不已。

屈原屡次进谏都未见效果，情急之下他便指着楚怀王的鼻子破口大骂："当初张仪来楚时，我以为你会用鼎镬把那个东西给煮了。不曾想，你不仅把他放了，还跟芈月那个女人打得火热。你如此贪婪好色，荒废国事，别的国家不来伐你才怪？现在你为什么不去求齐国，与田辟疆一道去讨伐秦国？干嘛要把你的公子白白送给秦国做人质？不信你就走着瞧吧，看你把横太子送到秦国去的下场是什么！"

在子兰的挑唆下，楚怀王本就对屈原心怀猜忌，如今屈原又对他进行炮轰一般的辱骂，他焉能听得进去？次日，盛怒的楚怀王便将屈原逐出了楚国，并固执地将太子熊横送到了秦国。

有了熊横这个筹码，久未发声的我们见机时已到，也开始行动了。此时，楚国已在魏、韩、齐三国的联合攻击下，奄奄一息了；齐国离秦国尚远，暂时不足为虑；而魏国和韩国的主要兵力目前正集中在楚国的战场上。

于是，我们找准目标，责派嬴疾、魏冉等大将分别领兵，直取魏国的蒲阪、阳春、封陵，以及韩国的武遂。

汹涌而至的秦国大军，把正在楚国作战的魏、韩两国打得措手不及。而我们，亦信守了当初的承诺，在不与楚国相犯的誓言下，既弱了楚，又灭了魏、韩，同时还极大地震慑了齐、赵、燕等国。

利弊权衡
装傻也是一门技术活

此时的楚国，因为魏、韩、齐三国的轮番攻击，早已被挫去了原来的锐气，变得一蹶不振。而魏、韩两国因为主要兵力还在楚国的战场上，对于我们的突然而至来不及应对，只得乖乖地束手就擒。

战后不久，魏、韩两国便派了使臣，主动来与我们求和。

给对手以沉重的打击，但却令对方无辜的子民深受战乱的伤害，不是我们的最终目的。在进一步巩固本国势力，同时确保魏、韩两国百姓的生命财产不受侵扰的基础上，作为获胜的一国，庶长嬴疾慷慨地接待了魏、韩两国派来的使者。

欢迎宴会不算冷淡，但也称不上热情。魏国和韩国自从吃了我们的败仗以后，态度也明显变得委婉了。

碍于情面，魏国的使者虽然是在向我们乞和，但是他们的口气依然强硬。当着众人的面，魏使傲慢地对嬴疾说："只要你们肯放过魏国，对魏撤军，我们还是愿意与你们重修旧好的。"

嬴疾闻言，心里不由得暗自冷笑：既是有求于人，焉有凌驾于他人之上的道理？都已经成了别人砧板上的鱼肉，还有什么资格与别人谈条件呢？

尽管嬴疾对魏使的态度极为不满，但是他在表面上却没有露出半点不快。对于魏使的一番厥词，他没有立刻表态，而是一言不发地听着。

韩使见嬴疾一声不吭，也开始附和道："不要以为你们得胜了，天下就是你们的了。即使你们打败了我们，那也是一时的事。除了那个背信弃义的楚怀王，我们还有齐国、燕国，照样可以集结起来攻打你们。"

嬴疾见他们得寸进尺，重重地拍了一下几案，厉声喝道："大胆狂徒，都已经死到临头了，还在这里口出狂言。就凭你等的态度，我用半天工夫便可要了你们的脑袋，将你们魏国和韩国杀得片甲不留。"

心虚的人，在强势面前总是那么的不堪一击。面对嬴疾的震怒，两个使臣顿时慌了神。他们急忙跪在嬴疾面前连声讨饶，并且异口同声地都要用"割地"请求和解。

其实，不管是嬴疾的疾言厉色，还是魏、韩两国使臣的虚张声势，无非都是想用最简单的法子，从对方身上获得最大的利益。只是，我们要的不仅是他们的土地，更要他们的臣服，要有利于秦称霸天下的归顺。

嬴疾见他们惶恐不已，便换了一副口气道："秦国地大物博，你们所说的一亩三分地，在你们自己眼里是个大数字，但对秦国而言，不过是九牛一毛。我们要的是你们的诚意，而这个诚意就是，你们两国的王亲自到我们秦国来。"

迫于秦国的威慑，次年暮春，魏襄王魏嗣和韩太子韩婴果然如期来到了秦国。

不恃才傲物，得饶人处且饶人，既是做人的准则，亦是治国的方略。要想化解不利于国家发展的矛盾，在做到并蓄的同时，更要求得最大的发展。魏国和韩国本是秦与楚的敌国，尤其是楚国，是因与秦国结盟背叛了他们，才在齐国的鼓动下遭受讨伐的。如今，秦国又弃了楚，转向与楚的敌国结盟，必然会引起楚国的敌视。于是，对于魏、韩两国国君的到来，我故意宅在王宫里回避，佯装什么也不知道，既未安排欢迎的宴会，也未出面迎接。一切事宜全由我的儿子昭襄王出面应酬。

在三国会盟之地临晋，嬴稷顺利地与魏嗣和韩婴签下了结盟的国书，并且根据先前的约定，向魏、韩两国返还了蒲阪、武遂。

作为同龄人，韩太子婴还在会盟结束后，以个人的身份，在嬴稷的陪同下，参观了秦国的长城、郦山，以及秦国的山山水水。作为儿子的挚友，韩婴还特地拜会了朋友的母亲——故意装作什么也不知道的我。

装傻不是愚笨，更不是无能的表现，而是一种处世的态度，一种避其锋芒、用一颗博大之心去包容世间险恶的处世法则。

只是，并不是所有的装傻都能换来预期的效果。我们的此举，不仅沉重打击了魏国和韩国，更把楚国彻底孤立了。

每一个顺其自然的背后，都有一个想要改变，却不得不努力的结果。有时候，我们看清一个人，需要静下心来，冷静地区分事物的本来面貌。不仅对于他的表象，还有他的言语。只是，不论男女、不论老幼，抑或是自然界的林林总总，总会被事物的外在表象所迷惑，会在浑然不觉间，成了他人的囊中之物。

消息很快就传到了楚国。依然在女人的温柔乡里沉酣的楚怀王这才猛然意识到，自己又上了秦国的当。现在已然成了魏、韩、齐三国的众矢之的。

楚怀王后悔不已，为了挽回局面，既失了诚信、又损了尊严的他，不得不硬着头皮将被他赶走的屈原又请了回来。

而在秦国，做了秦国人质的熊横得知消息后，同样也气愤无比。他恨父亲的糊涂，不仅被别人诓骗了，还将无辜的自己白白地送到了异邦，处在这样一个不尴不尬的境地。

作为楚国的太子，迫于父亲之命来到秦国做人质，熊横本就不情不愿。身在异邦、远离朝政，加之子兰在父王面前三番五次地撺掇，太子之位很可能易主，熊横的地位可谓岌岌可危。于是，熊横那颗一直动荡不安的心，此刻也开始蠢蠢欲动了。

熊横去找自己的胞妹——昭襄王的妻子、我的儿媳叶阳理论。可是，一方是自己的丈夫，一方是自己的骨肉兄弟，叶阳也左右为难。

无奈，叶阳只好去求丈夫嬴稷，求他看在大家都是楚国人的份上，放父亲和兄弟一马。

确实，这样的事，换了谁都不愿意面对。可是，在那纷乱的春秋战国时期，诸侯列国之间，除了无休止的征战，就是兵戎相见的讨伐。而只要有疆土的界线，彼此便会征战不止。

这不仅是两个国家之间的角逐，更是人与人之间智慧的较量。为了秦国能早日东出天下，我只得劝儿子和媳妇，当以国家大事为重。

实际上，与楚国的关系，若许年来的分分合合，更多的是因为亲情的缘故，虽然早在大王在世时，对楚国的讨伐就已经被列上了日程。而只有秦国统一了天下，统一了思想，由此而起的血腥屠戮才会停止。

为了能有一个对楚国出兵的理由，我将熊横的近侍换作了一个名叫王雍的大夫。明里是照顾其生活，实际上则是专门监视其行踪。而肩负重任的王雍为了能将熊横早日逐出秦国，也在对其有意刁难。

一日，熊横的爱妾身患重病，被限制行动自由的熊横心急如焚，不得不去求王雍敦请医官。王雍一拖再拖，熊横求了他数次，还托人给他送了礼，王雍这才极不情愿地把医官请了来。

可是当医官到了熊横的住处时，王雍又故意数落医官医术不精，并大声训斥着把医官赶走了。

因为得不到医治，熊横的爱妾很快抱病而亡。熊横对此气愤不已，加之是在异邦，处处受制于人，熊横只得含恨在心，一直伺机报复。

而楚国的王宫里，一直想除掉熊横，并取而代之的子兰，此际也从楚国派来了杀手，想结果了熊横的性命。熊横得知消息后，立刻慌了神。一刻也不想在秦国待下去的他，来不及向昭襄王辞行，便匆匆地收拾了行李，准备乘夜逃回楚国去。

不巧，当熊横正要出门时，却被前来视察的王雍撞见了。王雍见熊横要逃，立刻大叫道："来人啊，楚太子要逃！来人啊，楚太子要逃！"

熊横本就紧张不已，王雍的一番叫唤，令他更慌了。为了堵住这个冤家的口，他只得上前制止。可是，非要将事情弄得满城风雨的王雍见熊横一副慌乱不已的狼狈相，更加得意起来，不仅拉住熊横的衣裳，还提高了音调，似乎在提醒周围的每一个人，要他们赶快去咸阳宫通风报信。

熊横担心事情败露，干脆一不做二不休，操起一把匕首，结果了王雍的性命，然后乘机逃出了秦国。

其实，熊横与王雍纠缠、扭打在一起，并将王雍杀死的整个过程，我早已掌握得一清二楚。

故而，对于熊横的逃跑，我未加任何阻拦。他逃回楚国的路，也是畅通无阻。

有时，引而不发，并不代表对事情一无所知；静止不动，也并不代表没有任何准备。

此时的我们，其实一直在等——等待一个时机、一个合理的讨伐借口。

于是，当熊横逃回楚国以后，认为时机已经成熟的我们，便开始动手了。借着楚国太子杀死秦国大夫之名，我们开始大举发兵楚国。

再见怀王

读懂周围的人，并非个个都是知己

当时光的烙印在我的额头、脸颊上留下淡淡痕迹的时候，我的儿子昭襄王也已登位多年了。

将近三十岁的他愈加成熟，不论是言谈举止，还是说话办事，越来越像故去的大王。只是，尚还年轻的他，对于一个在列国间迅速崛起的大国而言，还需人不断地辅佐，在朝堂上进一步历练。故而，此际的秦王宫，依旧是由作为王太后的我在把持着。

为了防止他人对秦国大权的窥视，使昭襄王快速地成长起来，他的每一个决策，所做的每一件事，均要向我如实汇报，在得到我的首肯后方可施行。

作为多年的联姻之国，楚国与秦国原本有着割舍不断的血肉联系。可是列国纷争，动荡之秋，今日还是中原的霸主，到了明日或许便成了他国的俘虏。不论是哪一个诸侯，哪一个臣子，有着怎样的血肉联系，彼此的感情何等的深厚，人们都无一例外地在以战争为至高的宗旨。

此时，正在崛起的齐国见楚国与秦国终于决裂了，魏、韩两国则迫于秦国的逼迫，急需寻求一个强大的依靠。为了报复楚国，阻止秦国东向中原扩张，继续采用合纵之策的齐国，便联合了魏、韩两国，向楚国的方城发兵。

因为楚国的背叛，都想借彼此力量的齐、魏、韩三国，就这样走到了一起，此三国的联合也因此显得牢固无比。

当我们也加入其中，并再度举兵向楚进攻时，楚国也举全国兵力，进行了顽强的抵抗。

一方面，楚怀王派了大将昭睢与秦对抗；另一方面，则派大将唐昧率军抗击齐、韩、魏三国。

在与秦国的对决中，昭睢态度慎重，对秦所采取的策略亦是以守为主。故而，在与秦的作战中，双方将士只是在陈兵对峙，并未实际动火。而与齐、韩、魏三国的对阵中，楚国则利用其优越的地理位置，将三国联军阻挡在了泚水。

想要渡河的三国将士不知河水深浅，便派齐将匡章去探测水深。可当匡章的人靠近河岸时，楚军便在河对岸放箭射杀，使联军靠近不得。双方就这样僵持着，时间长达六个月之久。

战事久拖不决，驻扎在泚水两岸的将士也乏了。希望速战速决的齐宣王也心急如焚，只好派心腹周最到前线督战。

到了前线的周最见匡章一直按兵不动，便苛责匡章作战太慢，能力浅薄。本就兵困马乏的匡章闻之气愤不已，反驳周最道："当兵的谁不想在战场上建功立业，但时机不成熟，你要将士们怎么打？是要他们白白送命吗？"

匡章的接连发问，令周最哑口无言。因齐军毫无进展，作为盟国的我们此刻也向齐派去了援手。

经过查探，河岸一位担柴的农人告诉我们："水浅的地方、易攻的地方，楚国自然会加强防御。而兵力分散、人烟稀少的地方，则是水深的地方。这些地方水虽然深，但也是最容易突破的地方。"

匡章恍然大悟，立刻派了一支精干力量，在夜间乘楚军扎寨休营的时候，以垂沙为突破口，大举进攻。致使楚将唐昧被杀，楚国宛、

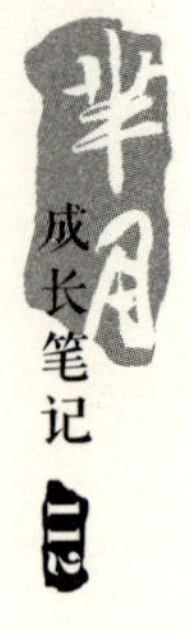

叶以北的地区由此沦陷，近两万楚军被斩杀。

垂沙之战，既是齐、韩、魏三国联合起来对楚的一次大规模报复行动，更是楚太子熊横盲目出逃，导致秦、楚关系破裂的直接结果。

因为楚怀王在对外政策上的举棋不定，楚国由强变弱，逐步沦为孤立无援、被动挨打的对象。

在这个弱肉强食的时代，不论是一个国家还是一个人，没有谁会垂青于衰败的一方，更没有谁去同情弱者，会因为某个人去追究其衰败的原因。

由于楚怀王内政外交的失误，随之而来的连锁反应便是，楚国国内的政治动乱接连而起。

因为楚怀王的贪婪，早就对楚怀王甚是不满的楚国臣工和百姓，也在垂沙一役失败后，纷纷响应楚将庄蹻的号召，开始在国内举兵造反，楚国由此一分为三。

战后，仓皇不已的楚怀王为了挽回局面，并报复突然来袭的齐、魏、韩三国，也在垂沙之役的次年，举兵攻打韩国的雍氏。

有了出兵的理由，欲将楚国进一步蚕食殆尽的我们，也乘机派遣华阳君芈戎率军攻楚。

在动荡的局势下，楚国早已人心不古。故而，芈戎的军队没费多少气力，便大破了楚军，攻下了楚国的襄城，取了大将景缺的首级，斩杀三万余楚军。

由于襄城地处方城之北，与宜阳邻近，有着极为重要的战略作用。襄城失利，楚怀王惶恐不已，只得再派太子熊横到齐国做人质，以示友好。

楚国倒向齐，势必会增强齐、楚两国的力量。为了不使齐国与楚国进一步亲近，在共同利益永远大于分歧的宗旨下，我们也派了公子芾到齐国做人质，以巩固秦国与齐国的关系。

乱世之秋，不论是谁讨伐谁，哪个国家向哪个国家出战，最终都是利益使然。所谓的结盟，即使是夫妻、嫡亲的父子、血脉相连的手足，也往往只是征战者之间为了共同的利益，而使出的一个华丽借口。一旦彼此的利益受到损害时，所谓的盟友就立刻变成敌人了。

齐国虽然被暂时稳住了，但是此际，楚国的国力依然是强大的，只要我们稍有疏忽，楚国便可联合魏、韩、齐、赵等国，将秦国置于堕落的深渊。不论是渐渐沦落的楚国，还是暂时称雄的齐国、魏国和韩国，一旦沦落后，便象征着兼并，代表着灭亡。

为了进一步弱楚，我们便在楚国对韩国发兵之机，以救韩的名义向楚出动十万余兵力，开始对楚软硬兼施。

楚怀王对我们的突然而至猝不及防，为了保存本国的实力，楚怀王不得不从韩国仓促地撤军，转而与我们对抗。

由于我军作战勇猛，加之大将白起所采用的伪装之术，仅仅数个回合，楚怀王的军队便方寸大乱，接连失掉了八座城邑。

为了使楚国彻底地臣服于我们，大败楚之后，昭襄王便向楚怀王写了亲笔信，约他在武关相会，了却两国的纷争。

此际，因为秦国的接连打击，数度受罚的楚怀王已经慌不择路了。接到秦国的邀请国书以后，则更加惶恐不安。

去，怕再次受到秦国的诓骗；不去，则表示自己向秦示了弱，说不定秦国会再来一次更加严厉的打击。因此，楚怀王犹豫不决。竭力想振兴楚国，并在楚国积极变革内政，企图联合齐国一并抗秦，最终统一中原的左徒屈原，便劝楚怀王："前有张仪、后有芈月，秦国对楚从来就没有安过半点好心。大王此去恐怕又会被那个虎狼一般的婆娘欺负，坚决不能去。"

可是，事情被楚怀王的宠妃郑袖知道了。郑袖曾一度迷恋屈原的才华，并且有意地拉拢，想将其拉入自己的帐下，却遭到了屈原的断然拒绝。郑袖由此怀恨在心，一直在伺机报复。加之郑袖的同党上官大夫靳尚，一直视屈原为死敌，也在设法阻止楚怀王接受屈原的意见。

为了反驳屈原，郑袖特地带上魏王送给楚怀王的美女，来到楚怀王的身边，一起安慰楚怀王："那秦国虽然暂时发达了，也不过是在虚张声势，终究不如大王您的底子。咱们何不先顺了秦国，去与他们会会，待咱们恢复了元气，再新账旧账一并算也不迟。"

郑袖的劝说，令本就动摇的楚怀王更加举棋不定了。公子子兰见兄长熊横再度入齐为质，父亲楚怀王也已年事渐高，便极力撺掇楚怀王到秦国去走一走，自己则好乘机夺了楚怀王的王位，就此定了天下。

楚怀王的内心深处，自恃自己曾与那个秦王宫里的女人——我交往甚密，认为女人一旦委身于哪个男人，这个男人便是她的天，她的一切，不会对自己怎么样的。于是，在至亲的人的轮番劝说下，又迫于秦国的威严，最终点头答应了。

临出发前，为了壮胆，楚怀王还带上了万余人马一并前行。

昏聩的楚怀王又怎能知晓，此番前行，为王的自己，已经与楚国渐行渐远了。从今往后的楚怀王，也不再是原来的那个王了。

名与利、爱与仇、得与失。生在红尘中的我们，常常会被这样那样的诱惑所左右。如若楚怀王能够和他的父亲楚威王一样，励精图治，整饬军队，楚国只会一天比一天强大；假若楚怀王能够少一些儿女私情，多一点雄心壮志，便不至于在女人的魅惑下，一步一步地丢失原则；倘若楚怀王能够少一点贪婪，多几分明智，如今他的国家，便不至于在别人的蚕食下，一寸一寸地丢失，国力变得日渐衰败。

在会盟之地武关，早就有所准备的昭襄王，仅使了一个障眼法，令长相与自己颇为相似的兄弟嬴悝穿上自己的衣裳，佯装在城门迎接，便轻而易举地擒住了楚怀王的兵马，将手无缚鸡之力的楚怀王押解到了我们的咸阳宫。

直到这一刻，一直沉浸在幻想里的楚怀王方才醒悟过来。原来，并不是每一个对你笑脸相迎的人，都是与你诚心相对。而那些表面上与你冷眼相向，并令你痛不欲生的人，才是你人生的旅程中真正的良师益友。

和阳光的人在一起，我们的嘴角便会有微笑；和睿智的人在一起，我们的前途便不会黑暗；和聪明的人在一起，我们遇事便不会愚钝。不论是治理国家，还是带领团队，我们都应用心营造。楚怀王的贪腐，终究尝到了遇人不淑的苦果。

秦国的大牢里，我和昭襄王与楚怀王轮番谈话，想使他向秦割让楚国的土地，以保全其王位。

或许，一个国家的王沦落到别人阶下囚的地步，已令楚怀王再无颜面去面对自己的子民了。因此，他断然拒绝了我们的一切条件。

第五章

梦想

心有多大舞台便有多大

芈月说："任天高云阔，任逍遥自在，朗朗乾坤有心做伴，便有鸢飞鱼跃。"

朝堂论政

成大事者，当以意气胜、智略绝

公元前 299 年，成为秦国囚徒的楚怀王在秦国的章台接受昭襄王的审讯。

曾经六国中的强者，拥有强大力量的楚国，只因他们的王熊槐贪婪成性，屡次中了他人的计谋，才令自己的盟友一个个地离自己而去，使楚国的国力耗费殆尽。

自古以来，在男人的世界里，女人都是柔弱、痴傻的。唯有男人，才是这个世界的主宰。他们才是女人的天，女人的世界。

可令楚怀王万万没有想到的是，这个一直被自己蔑视，以为是被自己玩弄于股掌之间的女人，不仅把自己的国家治理得井井有条，甚至还夺了自己的王位，令其他列国对秦国闻风丧胆。

故而，当楚怀王被一个女人囚禁在他乡大牢里的时候，楚怀王感到羞愧难当。

只是，在审讯他的人面前，为了男人的尊严，落魄不堪的楚怀王，态度依然强硬。

捏紧拳头，加强彼此间的融合，才会使双方赢得更大的发展。秦国的大牢里，我们拿在齐国做人质的太子熊横作要挟，令楚怀王割让巫、黔两地。

楚怀王闻之，双目圆瞪，继而仰天大笑。进而，眼角噙着泪的楚怀王又用痛骂掩饰自己的羞愧："没想到，真是没想到啊！当初，我的父王千不该万不该把你这个没了亲爹的野丫头送到秦国来！"

生于斯，长于斯。每个人心中都有一份思乡的情结。同样来自楚国的我，对于楚国的每一寸土地、每一片山水，同样梦绕魂牵。可是，个人感情并不能代替国家的安危，一己之私亦不能左右一个国家的发展。

楚怀王的指责，令我愧疚不已。可是，这是国家与国家之间的较量，无关男女，无关感情。

在与楚怀王较量的时候，虽然暂时处于优势的我们略胜一筹。但是，也正是有了与楚怀王的较量，我才在其中体会到何为用人与识人之道。

很快，楚怀王被秦国囚禁一事，就被其他列国知道了。一时间，犹如平静的湖面上被投下一颗石子，立刻在列国间引起了强烈的反响。大家纷纷谴责秦国的手段太过卑劣，并称，堂堂一个楚国的王，却败在了一个女人的手里，这简直是莫大的耻辱。

在列国看来，秦国灭了楚，接下来的目标便是三晋、齐国、燕国。为了不使秦国得逞，列国亦在设法拯救命在旦夕的楚国。对外一直不言战事，并一直在着力发展本国实力的齐国，此时也派了使臣田文来到秦国。

田文虽然出身显赫，但其命运悲苦。其父靖郭君田婴是齐威王的幼子、齐宣王的庶母弟弟。只是，身为齐国宰相的父亲田婴子女众多，加之他是田婴的妾所生，又生于"五月初五"，对此十分忌讳的田婴便令其母将他丢弃。

田文的母亲不舍，不仅把田文偷偷养活了，还教他读了大量的书。田父知道后，大为恼火，训斥田母道："我让你把他扔了，怎么还把他养着？"

自小便觉身世凄凉，为了能在家中获得立锥之地，田文赶紧给父亲磕头："孩儿一向敬仰父亲的恩德，只是孩儿一直不明白，父亲一向疼爱自己的子女，为何独对五月出生的孩子不满呢？"

田婴烦恼无比，只得不耐烦地回答："五月出生的孩子长大后，会和门户一样高，要害父害母的。"

田文则说："人的命运是上天赐予的，而门户是后天形成的。"

田婴沉默不语，田文继续道："如果人的命运是由门户授予的，那么，父亲只需把门户加高就可以了，又有谁还能高过父亲您呢！"

不久，田文又借机问田婴："儿子的儿子该如何称呼呢？"

田婴说："叫孙子。"

田文又问父亲："那孙子的孙子呢？"

田婴若有所思："玄孙。"

见父亲一脸疑惑，田文继续问父亲："父亲可知道玄孙的孙子叫什么吗？"

田婴不知儿子的葫芦里卖的什么药，只得回答："不知道。"

田文这才说："父亲是齐国的宰相，手握大权。人们常言，将门出将军，宰相门里出宰相。并且，父亲虽然家资富足，母亲们穿的也是绫罗绸缎，可是，您门下的贤士却吃不饱、穿不暖；为您服务的奴仆吃的更是残羹冷炙，有的贤士甚至连糠菜都吃不上。将来如果有一天遇到什么危难，谁又肯来为父亲出主意卖命呢？"

田文的一番陈词，终是把田婴打动了。他没有想到，这个一直被自己嫌弃的儿子会有如此远见，遂改变了态度，对田文日益器重了。

田婴先是让田文主持家政，试着让他接待家中的宾客。田文也不负众望，令家中的宾客门客达至千人。

号称孟尝君的田文，为了壮大自己的实力，用人识人不以身份论贵贱，而只看才华论长短。对待贤士更是宁可舍了家业，也要以礼相待。一时间，犯罪逃亡者、有识之士纷纷归顺在田文的门下，为田文马首是瞻。

秦国也知田文的才华，而且，秦国因为庶长嬴疾离世，加之接连不断的战乱，此际正在广纳贤才，我们也希望田文能为秦所用。于是，我们请在齐国做人质的泾阳君嬴芾做田文的工作，要他到秦国来，一来为秦国效力，二来他本人也能有更大的发展。

有秦国公子亲自出面，田文心动了。

可是他的门客却极力阻止，尤其是苏代，语重心长地对田文说："臣自淄上来齐时，看见一个泥人和一个木头人在谈话。木头人对泥人说：'你来自西岸，虽然你成了人，但只要天降大雨，淄水河涨，你就坏了。'泥人则反驳道：'我虽被冲坏了，但我依然是西岸的泥土，还可以回到西岸去的。你呢，不过是东方的一块桃梗，被削成了人形，假若淄水河涨，你就会被冲走，到时漂到哪里都不知道。'如今的秦国如狼似虎，假若您去了秦国回不来，不也和那个桃梗做的木头人一样了吗？"听罢这一番话，田文便打消了赴秦的念头。

如今，田文不请自到，我与昭襄王自然想将他留下，并设了酒宴，令昭襄王亲自接待他。

在仅有昭襄王和田文的宴席上，昭襄王许了田文秦国的宰相之职，并直言："孟尝君只要能留在我们秦国，为本王所用，寡人一定不会怠慢你。"

岂知，田文在门客的说服下，早已下定决心与秦为敌了。此次赴秦，遵着齐闵王之令的他，只想营救楚怀王，非但不提奉秦一事，反而还威胁昭襄王："楚国的太子现在正与我齐国交好，你若不放了楚怀王，我们就把太子熊横送回楚国去。到那时，你们再扣留楚怀王也起不到什么作用了。你们与楚为敌，得不到半点好处。"

本是齐国的人，千里迢迢而来，不管齐国的事，却偏偏要为被羁的楚怀王开脱。昭襄王一听便火了。宴会还未结束，便将田文一个人撂在一边，自己拂袖离开了。

并不是所有的贤都能为人所用。有的人的贤，只是针对特定的个体、特定的对象；而有的人的贤，纵使被人采用了，也可能因为志不同、道不合而给对方带来祸患。

知道田文的本意后，我便果断地派人告知昭襄王："田文的确贤能，但他是齐闵王的同宗。大王若是把他请来任秦国的宰相，他的所作所为必定会先替自己的国家打算。用了他，无异于养虎为患。"昭襄王闻之，立刻打消了任田文为相的念头，并把田文囚禁起来，准备杀了他。

田文自然惶恐不已，只得去求昭襄王的宠妃唐八子。唐八子是继秦王后叶阳之后，又一位得昭襄王宠爱的妃子。因与叶阳长相颇为相似，才走进了昭襄王的视线。

因为秦国囚禁了楚怀王，王后叶阳与昭襄王这份建立在政治基础上的爱情，便愈加淡漠了。

此时，唐八子正春风得意，她也想在臣工面前有一番作为。为考察田文的应变能力，喜好打扮的她便向田文提出，她看中了田文的白色狐皮裘。只要她也有一件昭襄王那样的白色狐皮裘，田文的这个忙她便答应帮了。

可是，这白色狐皮裘独一无二、价值千金。是田文来秦时，为了讨好昭襄王而特地贡献的。

因有性命之忧，出逃不得的田文正焦虑不已。问遍了身边的人，也没能想出个好法子。这时，一位身手不凡、且擅伪装成各种动物的人便在当夜化装成一条狗，潜入秦王宫的国库里，盗出了田文献给昭襄王的那件白色狐皮裘，送给了唐八子。

唐八子如愿以偿，果然在昭襄王面前百般请求，令昭襄王把田文放了。获释的田文一刻也不敢在秦国停留，连夜逃到了秦国的边境函谷关。

不久，昭襄王发觉田文逃走了，立即派人驾车追捕。

此时，因是子夜，函谷关的关门紧闭，而按秦律，只有鸡叫时，守关的人才能开关放人。田文唯恐追兵赶到，此时，先前伪装成狗帮他到秦王宫里偷狐皮裘的门客，便学起了鸡叫。

果然，这人学鸡的叫声像真的一样，令关内负责打鸣的鸡也一并叫了。守关的人随即开了关门，田文等人赶紧出示了证件，逃出了函谷关，往齐国方向直奔而去了。

砥砺邪毒

欲治天下，便要立足根本

成功地弱了楚，并使楚怀王成了秦国的阶下囚，秦国东出的步伐便更进了。

只是，物换星移，时光一如永不回头的流水，载去了青春，冲走了我们的锦绣年华。此际的朝堂，经过不断整合，终于归于平稳了。可是，曾经在咸阳宫里叱咤风云的人，也在一个一个地离我而去。

比如，我的恩公张仪。大王离去后，继承王位的武王因一直对张仪不满，加之群臣们也纷纷附和，以及齐闵王不拿住张仪誓不罢休的逼迫下，张仪不得不出走魏国。而在魏国不到一年，张仪便因年老体衰，死在了任上。

还有一直视我为眼中钉的惠文后。当嬴壮和嬴雍因叛乱被正法以后，惠文后的整个世界便垮了，从此不吃也不喝。

我虽然对惠文后以往的所作所为倍加憎恨，但是，同为女人，同样在命运的摆布下品尝着同样的苦果，使我对她的遭遇深感同情。

昭襄王登上王位之前，我特地来到惠文后的住处。我对她依然以姐妹相称，并请她放下所有的仇怨，再回咸阳宫去，与我一道并称太后，帮助大王完成他未竟的事业。

对于我的好意，惠文后露出了久违的笑容。可是，名利对于一个失了丈夫、又接连失去两个儿子的女人来说，已经没有什么意义了。

此后，当昭襄王顺利登上王位，我以秦国王太后的身份出使楚国时，万念俱灰的惠文后在她的寝宫，用一尺白绫结束了自己的生命。死时，不足三十岁。

还有一直被我和孩子们尊敬的庶长嬴疾，也在动荡的朝堂渐趋平稳时，因为年事渐高，加之体弱多病，渐渐地退离朝堂。

故人在一个一个地离去，咸阳宫再也见不到昔日的繁华了。

不管是一个国家，还是一个团队的成功，不仅要有广袤的疆土、强大的武器、崇高的信仰，更要有严格的组织，以及高端的“智囊”。

对于秦国而言，嬴疾和张仪就是它的“智囊”。秦国因为有了他们，才会由弱变强，由最初的位于六国之末，成为今天能与楚、魏、韩等强国抗衡的强者。

曾经，我只是秦国的一名嫔妃，一个在大王的臂膀下生活，不知其烦忧、不知何为劳苦的懵懂女子。可是如今，当我站在秦国王太后的位置上，要用一双纵观世界的眼睛来俯瞰天下，并要为秦国子民的安居乐业而费尽神思的时候，才真正体味到，贤能的人对一个国家的发展是何等的重要。

贤能的人，是一个国家最宝贵的财富，是大秦国东出天下战略中的第一资源。管理一个国家，或者一个团队，仅靠个人的力量是远远不够的。

秦孝公在位时，任用贤士商鞅进行变法，通过在全国开展废井田、重农桑、奖军功、统一度量和建立县制等发展策略，使得秦国的经济得以飞速发展，秦国的军队和战斗力由此增强，并一度发展成为当时列国中最富强的国家之一。

蓝田的战场上，因为在丹阳战场上的大败，发誓要报仇并挽回面子的楚军，在最初的阶段勇猛异常，并攻克了秦国的天险武关，打通了通往秦国都城咸阳的通道。秦军损失惨重，仅仅十五天时间便被楚军斩杀九万二千余人。次年，在与楚将熊彪作战时，向寿大败，损兵十万余人。

秦军接连失利，到了生死存亡最为关键的时刻。但是，秦军意志坚定，同仇敌忾。为了鼓舞士气，增强将士们英勇作战的决心，秦惠文王带着太子荡、诸公子、国相张仪、大将魏章、甘茂、司马错等到前线，集体督战。同时切断了楚军的后路，并面临着全军覆没的危险。

在强大的意志面前，楚怀王及魏、韩等国方才认识到，秦军是不会被他国轻易击败的。因此，楚军不得不秘密撤兵，连夜拔营撤退至咸阳的数百里之外，并向秦国割地求和。

在与齐、楚、魏、韩、赵、燕等国不断的战役中，仅有高强的武功，而无完备的作战方略，即便拥有再强大的武器，到了战场也只是一盘散沙。昭襄王的朝堂，纵使宫殿修建得再高大，宫中的陈设再奢华，没有一个贤德的明君，没有贤臣的辅佐，国家也不能长久。

四季轮回，草木一秋。如今，曾经数度挽救秦国于水深火热之中的张仪不在了，曾经在战场上叱咤风云的庶长嬴疾也年事已高，再无往日的精力了。如今的秦王宫，虽然有穰侯魏冉、华阳君芈戎、泾阳君公子芾、高陵君公子悝、宰相向寿等分别把持着。但是，此际的秦国，大王新立，百业待兴，臣工的管理、对外的征战等，一切都还未步入正轨，秦国依然如同一个初生的婴孩，在蹒跚学步。

为了国家的安稳、国力的强盛，身为王太后的我，一面带着笑靥，继续假意地与列国的诸侯们“明枪暗箭”，一面用一颗带着沧桑的心在抚平秦国的创伤，力图让秦国的国力更加强盛。

除了刚刚封赏的“秦国四贵”，秦国的各方力量依然薄弱。对此，因循秦孝公、大王广纳贤良、开门纳谏之举，我令昭襄王、穰侯魏冉、泾阳君、华阳君、高陵君等在列国间广纳贤良，并且要求他们，不论贵贱、不论男女、不论来自哪个国家，只要肯到秦国来，并能为秦国所用，秦国一律欢迎。

一时间，贤明之士纷纷云集于秦国的朝堂，秦国不论是市井街头，还是宫墙之内，均是一片欣欣向荣的繁华景象。

因为秦国暂时的繁荣，渐渐被洗去往日的冰冷、血腥的咸阳宫里，也开始有了漫滤的丝竹之声。

这些乐声悦耳动听，既有楚国的巫舞，也有魏国的采桑舞，还有卫国乐师师涓曾经弹奏过的“靡靡之乐”。

对于一个整日在严肃的朝堂上与男人们论政天下，以及热闹的朝会之后，再次在清冷的后宫里面对无尽孤独的我而言，有这样好看的舞蹈以及动听的乐声相伴，身心是放松的，精神也倍感愉悦。

起初，我也和宫里的人一样，饶有兴致地欣赏着，高兴时，我还会加入其中，与他们一同唱和。可是，我却渐渐地发现，因为我和昭襄王的喜爱，这样的乐声不仅出现在我的后宫，就连我新近封赏的“四贵”也在纷纷效仿，并且大有往坊间百姓中蔓延开来之势。

坊间的百姓因见朝中的人只喜笙歌，不理国事，便也不再练习拳脚武功，开始投其所好地遍寻美女，遴选乐师，进献给魏冉等朝中权贵。

其实，这样的喜爱与附和，这种臣子与百姓之间的交往，换作秦国已百业丰盛、国力强盛的时候，也无伤大雅，无碍他人，亦不失为一种官者亲民的表现。但是，此际却不同，此际的咸阳宫是一个刚刚组建起来的朝堂，其政权还需要进一步巩固，在诸侯列国中的地位还需进一步提高。

人生，不只是有安逸享乐；列国之间的彼此征讨，不仅是为了图一时之欢；大秦国历经数载而不懈努力一统天下的夙愿，更不只是为了逞强做大。进一步巩固秦国的基业，还秦国的子民一个富足太平的生活，才是我们努力的最终目标。

但是如今，刚刚被封了赏，且在与魏、韩、齐三国交战的战场上小胜的他们，因为没有他人的侵扰，似乎已经开始满足于眼前的安逸了。

他们有的甚至还认为，在自己的合力之下，成功扳倒了嬴壮、嬴雍，以及秦国的故旧势力，将秦武王的朝堂成功地取而代之了，那属于他们的秦国，未来也是天下太平的。

只有真正坐在王的位置上，担负起王的责任，才能真正体味为王的劳苦。不当家，永远不知柴米油盐的精贵。不经一番历练，永远不知成功的道路铺满了荆棘。

同列国的征讨，不仅要有强大的军事作战技能作支撑，更要有充足的后勤补给。比如，粮草的供应、武器的制造、战马的驯养、铠甲的缝制等，均需要秦国各方力量的全力配合。

为了杜绝不良的习气在秦国的朝堂以及王公权贵间蔓延，防止我们走嬴壮、嬴雍的老路，我不得不采取措施，严厉整顿朝堂纪律。

昭襄王登位后不久，秦国便取消世卿世禄制，在全国实行军功制，改官吏世袭为论功行赏，即杀一个敌人取一个人的人头，便奖一级军功。为加强中央集权，实行编制户口，加强刑罚；鼓励发展农业，奖励生产；为巩固地主阶级统治，废井田，开阡陌，承认土地私有；推行县制；统一度量衡、货币和车轨制度；大力整顿社会风俗，强制推行一夫一妻的小家庭制度，并规定父子及成年兄弟不得同居一室，到成年还不分居的，加倍征收户口税。

点兵沙场

业精于勤，勤而能奋

昨夜，我做了一个梦，梦见小小的我，在如墨的黑暗里依偎着一堵高高的墙，墙缝里射来一缕橘色的光。一如我是那个家境贫穷的少年，在借着富有邻居家每夜燃起的烛火勤奋苦读。

之所以如此用心地“凿壁偷光”，只因他家境贫寒，酷爱学习，且从不因自己掌握了些许知识便就此满足。因为不懈地努力，少年终成一代经学大儒，并历任博士、给事中、光禄大夫、太子少傅、御史等官职，且造福一方。

其实，不论是梦里，还是醒着，我都愿自己是那个借光的少年，学有所成，学能所成。

有人说，女人过于强大，便会挡住男人的光芒，使其倍感压力；而女人太过柔弱，又会使男人失去征服的欲望，没有了吸引力。

这样的妄语，其实都是站在男人的角度而言的。在男人的眼中，身为女人的我们只是男人的附庸，要一切以男人为中心，唯男人的喜怒哀乐而低眉行事。

不论男女，我们生命中的每一天，走的每一步路，都是一个战场。战场上的对手，别无旁人，唯有自己。我们要战胜外界的眼光，战胜心底的慵懒，战胜思想的懈怠。

我的前半生依靠的是男人，因为有了大王嬴驷，我才能步入王宫；

有了武王的意外驾崩，以及嬴疾、魏冉等人的鼎力支持，我的儿子才能坐享王位，我也由此成为人主。诚然，你们也可以如我一样，嫁一个富有且至高无上的王，拥有无比优越的物质环境，可以不为生计奔波劳苦。但是，我们也不能因此空等别人给我们幸福，更不要奢望天下会有免费的午餐。成功不会主动找上门来，不管是男人还是女人，要想成功，勤奋、努力才是唯一的路。

这条路，没有任何捷径可走，唯有脚踏实地一步一步踏实前行。在这个过程中，你会感到孤独，遭到他人的嘲讽、误解，有各种各样的诱惑企图击垮你的意志，甚至还有来自外界的种种威胁阻止你前行。但是，只要你有明确的定位，知道自己在做什么，追求什么，不轻易地说放弃，胜利的曙光就会照亮你的行程。

只是，我们终究是尘世的俗人，面对的诱惑实在太多，以至于最初的我们是信心满满，到了最后，我们却常常容易被琐碎的事所缠绕，在困难面前停滞了前进的脚步。

这时候，你需要做的是努力的坚持，强迫自己走下去。当未来的某一日，你的努力得到别人的认可，并被世人或社会所需要时，你身上就会散发出无穷的底气、气度和魅力。此时，你再回过头来看自己走过的路，看自己曾经面对的困难，其实也不过如此。

少女时代，我的家由富变贫，还在族人的勒索下，被迫流落街头，险些成为落魄的乞丐。为了重振家业，我不得不拾起母亲的茶篓，在长江岸边的山麓上，顶着炎炎烈日，与茶农们一道在田间采茶制茶。但是，每一个日落的黄昏，当辛勤了一天的人们都已睡去的时候，我却在灯下苦读，读我喜爱的《经》《史》《子》《集》。或者乘着人们闲暇的空当儿，在老博士官那里学习作诗、学写婉转流长的楚国文字。

因为是女儿身，我上不得战场，作为长姐的我便把照顾好母亲、教育好两个弟弟，用自己柔弱的肩膀打理好自家的茶园，维持家的生计当作战场。

家道中落，我们姊妹又饱受族人的欺凌，无助的我们常常抱头痛哭。那时，我只祈盼我的亲人好好地活着，尽管饥寒交迫，但只要大家彼此相拥活着便好。

通向成功的路充满坎坷，布满荆棘。每一个成功者的背后，都有一段心酸的往事，和一段痛苦的付出。“天将降大任于斯人也，必先苦其心志，劳其筋骨，饿其体肤，空乏其身，行拂乱其所为，所以动心忍性，曾益其所不能。”为使自己信心不倒，我便把这句话当作我前行的明灯，一次又一次在心底默念着。

此后，在命运的捉弄下，我阴差阳错地成了“楚国的公主”，被远嫁到秦国，成了大王的王妃。再后来，武王举鼎意外身亡，嬴稷在庶长嬴疾等人的拥戴下继承王位，我则成了有史以来的第一位王太后。

名利本是身外物，再有能耐的爱人也给不了你存在的价值感，再有心机的助手也无法为你赢得别人的尊重。我之所以能有今天的侥幸，成了秦国的王太后，是因为有太多的偶然，诸侯列国之间有太多的算计。

生存的战争永远不会结束，所以我们必须不停地努力，通过自身的行动来实现自我的价值，赢得社会的认可和他人的尊重。

起初，在这个以男人为主宰的朝堂上，人们对我的存在是不屑的。他们认为，我和我的儿子之所以能走到今天，是因为仰仗着先王、想要插手秦国内政的赵武灵王、燕昭王，以及我的兄弟、族人们。而这些都是次要的，最重要的，是我长着一张好看的脸。

故而，朝中的老臣们在我们孤儿寡母面前总是一种高高在上的姿态，要么对我们不理不睬，要么以国事或家事为由，对我们步步相逼。以至于昭襄王的每一道诏令都成了一纸空文，那个曾经令万人敬仰的王也成了摆设。

到了这样的地步，要想改变现状，唯一的办法只有沉下心，脚踏实地地用一件件实事以及铁腕手段，来使他们心服口服。

为了使我的政令更有执行力，我决定首先拿朝中贵戚和他们身边的人开刀。

丞相甘茂在大王在世时，曾辅助左庶长魏章略定了汉中之地，后又在武王在位时，平息了公子蜀侯辉和辅相陈壮的谋反，并平定了蜀地，后又进攻宜阳，斩杀韩军六万，迫使韩襄王到秦国谢罪求和。武王也因此封甘茂为秦国丞相，以示嘉奖。

因为自己战功显赫、位高权重，甘茂在昭襄王面前总是一副居高临下的姿态，并且质疑昭襄王的能力。

楚怀王和齐闵王等见甘茂的权势如此之大，俨然凌驾于整个王宫之上，便开始偷偷打起了甘茂的主意，想借甘茂之手来左右秦国的内政。处心积虑想报张仪戏弄之仇的楚怀王还想方设法找到甘茂，令其诱骗昭襄王将武遂还给了韩国。

甘茂此举，立刻引起了向寿等人的高度警惕。此际，甘茂正率领秦军攻打魏国的蒲阪，为了防止他在朝中进一步持权做大，我秘密派人到军中捉拿他。

做贼心虚的甘茂闻风而逃。因他在秦多年，深受秦国三代君主的重用，对秦国的状况了如指掌。一旦他出逃以后，联合齐、韩、魏反过来图谋秦国，对秦国将极其不利。因此，我命昭襄王带着相印、以赐其上卿之位为名将其诱惑回秦，以绝后患。

眼界决定高度，心有多大，你的舞台便有多大。随着知识和阅历的不断累积，你的眼界会越来越开阔。

当秦国的朝堂渐趋稳固，朝中的重臣多是楚国的内戚时，我便将目光转移到了我的出生地楚国身上。

此际的楚国，依然是诸侯列国中的强者，此前，曾在秦国采取连横之策的苏秦因计划未果，转而游说楚、魏、韩、赵等六国，联合起来对抗秦国。为了破苏秦的合纵之策，在昭襄王登位的次年，我以秦国王太后和楚国公主的身份赴楚，成功地离间了楚国与魏、韩、赵三国曾经结下的关系，令楚怀王成为“三晋”的公敌。这才使秦国有了稍许的喘息之机，并且为秦国日后进一步蚕食楚国，消灭其他列国打下了基础。

因为要弱楚，加之楚怀王贪婪好色，我与楚怀王因两国结盟的谈判过程，便成了敌视我的人攻击的话柄，并由此给我冠上了一个“彪悍且风流”的雅号，企图令我就此收手，退居于朝堂之外。

逆水行舟，不进则退。当所有人都在攻击你，希望看到你退去时，你如若真的被他们的流言蜚语打倒，那你注定是失败的。只有坚定目标，全身心地投入其间，你才能看淡别人的非议，忘记所有的烦恼，散发出无敌的能量。

公元前 307 年，楚怀王出兵韩国的雍氏，两国相持了数月也毫无进展。韩襄王无奈，只得派使者向秦国求援。因为韩国交战的对象是秦国的盟国楚国，刚刚与楚国签订了盟约的我们此时是不宜出兵的。

因此，对于韩国的请求，我们的态度一直是模棱两可、按兵不动。韩襄王以为是之前的使者不力，遂又改派靳尚前来。靳尚当着众人的面，以唇亡齿寒的道理向我乞求出兵相救。

楚国本是我的故乡，为了秦国的安危，我思虑再三，最后决定不出兵。因见靳尚和楚怀王一样，双目淫邪，满目色相，便故意刺激道：“当年我服侍大王时，大王把大腿压在我身上，我只是感到身体疲倦不能承受。但是，当大王把整个身体都压在我身上时，我反而感觉不到沉重，这是因为这样对我比较舒服。现在，要我们来帮你们打楚国，我们一天就要耗去数以千计的财物，这对我们有什么好处？”

靳尚被我骂得面红耳赤、无言以对，只得怏怏地退去了。

此后，韩襄王又派张翠前来求援。我原本想再次拒绝，可是甘茂认为韩国一旦弃秦投楚，那么楚、韩两国就会联合魏国来为害秦国，所以应立即出兵救援韩国。如此，我才下令出了兵，围困韩国多时的楚军也才闻风而退。

决心，如同一把熊熊燃烧的火炬，可以感染许多人，打动许多人。只有为了理想付出辛勤汗水的人，才能真正体味到成功的滋味。不努力，不思考，总是被别人的想法所左右，且贪恋于眼前的安逸，你将永远一事无成。

以弱胜强

将欲弱之，必固强之

不论是我生活的春秋战国，还是你们生活的今天，一直以来，人类社会都是一个异常复杂的集合体。在个这光怪陆离的集合体里，有着形形色色的人，也有着形形色色的竞争。而且，我们面对的竞争对象往往不是一个，而是一群或者数个群体。

纵使我们再强大，拥有再大的优越感，要想在如此复杂的状况里胜出，也要学会收敛锋芒，蓄积力量，用智慧与对手较量。

再坚强的外表下，都有一颗柔弱的心；再牢固的篱笆，都有疏忽的缝隙。

物极必反，凡事都有两面性。强与弱，只是一个相对的概念，所以弱有时候亦可胜强。

我所生活的春秋战国，是一个群雄逐鹿、纷争不断的时代。尤其是昭襄王和我们的先祖们，因在先前立下了誓要东出天下的宏愿，因此遭到了其他诸侯国的强烈打击。

虽然秦国在一步步壮大，在与列国的对抗中有着绝对的优势。但是，如若六国合纵，共同对付秦国，秦国必败无疑。

秦国的初始，只是西北边陲一个蛮荒的弱小之邦。因要长期与边疆少数民族犬戎对决，秦一直在发展军事，力量也相对强大。只是，那时的秦国位置偏僻，物产不丰，民力匮乏，与当时的晋、齐、楚等

国相比，只是一个正在崛起的小国而已。

但是，在强大的列国面前，秦国并没有停滞前进的脚步。保护秦国子民、使秦国国力不断发展壮大，是自周孝王封嬴非子于秦邑建秦之始，便定下的目标。后在一代又一代君主的不懈努力下，到秦穆公时已初显规模。

秦穆公继位时年仅三十余岁。那时，他正值壮年，精力充沛、目光远大。加之当时列国均在竞相发展自己的力量，秦国如若就此止步不前，便会遭到他国的侵扰，甚至沦为他国的附属之邦。因此，秦穆公一直致力于发展秦国与他国的关系。

一日，秦国的近邻晋国发生内乱，为了夺取王位，晋国公子夷吾以五座城池为条件，请秦穆公支持他为王。

原本，秦穆公支持的一直是晋国公子重耳。而且，秦穆公深知，夷吾荒淫无道，人品低劣，他所说的五座城池十有八九是一张空头支票，无法兑现。但是，秦穆公转念又一想，重耳太过贤能，如若是他当上了晋国的王，势必会对秦国不利。于是，秦穆公权衡利弊，答应了夷吾的请求。

果不其然，夷吾当上晋国的王并自称晋惠公之后，先前许给秦穆公的五座城池成了一张空头支票。秦人对此大为不满，纷纷向秦穆公建议举兵伐晋。但是在秦穆公看来，此际的秦国虽然军事微强，可是整体实力依然弱小，并不足与他国抗衡。为了不与他国为敌，专注发展本国的实力，秦穆公只得安抚内臣，忍下了这口气。

不久，晋国闹起了大饥荒。夷吾无奈，只得厚着脸皮再来向秦穆公求救。秦穆公二话不说，便派了军队运送粮食救济晋国。然而，秦国对晋国的以德报怨，并没有换来对方的一丝感动。

仅仅过了一年，秦国也开始闹起了饥荒。为解饥荒，秦穆公也派了人到晋国去借粮。岂知，夷吾不但不给，反而还联合了梁国一起来趁火打劫。

“兵强则灭，木强则折”。在列国纷争的战场上，今天的朋友，可能转瞬之间便成了彼此的仇敌；方才还在握手相迎，一转身或许就成了刀光剑影。

因此，当一个人或一个国家的力量还不足以与对方抗衡时，就要学会收敛锋芒、韬光养晦，积蓄自己的实力，如此方能逐渐占据主动。

夷吾的绝情，令秦穆公愤怒不已。但为了避祸，为了不被他国所亡，秦国此时唯一的出路，便是把自己发展壮大。

秦穆公深知，要想使国家强大，造就秦国的辉煌，唯有依靠大批能臣。于是秦穆公遍寻良将，并用五张黑色的公羊皮赎回了奴隶出身，且在楚国逃命的百里奚。

秦穆公诚恳地向百里奚请教：“我们地处偏僻，无法参与中原的会盟，如何才能不落后于中原的诸国呢？”

百里奚说：“大王您现在这个地方虽然偏僻，但是地势险要，且是周朝建国的宝地。秦国虽有西边犬戎部落的威胁，但只要学会扬长避短，就能使秦国长期保持强大的军事力量。因为，秦国远离中原，可以省却中原强国彼此侵略的担忧，您也可以安心地建设自己的国家。除此，周边西戎地区部落分散，大王您还可以趁机收复这些地方，将其土地拿来利用，增强本国的经济，并把那里的人征召过来，成为秦国的军事力量。在对犬戎部落的管理上，服从的，就好好安抚；拒不服从的，一律处决。等您完全掌握了西部的土地，形成进可攻退可守的态势后，您再向中原地区谋发展，便是霸业成功的时日了。”

百里奚的建议便是典型的“以弱胜强，后发制人”之策。百里奚的悉心传授，令秦穆公茅塞顿开。为表感激，秦穆公准备拜百里奚为上卿。

可是，此际的百里奚已年近七旬了。为报答秦穆公的知遇之恩，百里奚以自己年事已高为由委婉拒绝了秦穆公的封赏，并向秦穆公举荐了同样身负经世之才的老友蹇叔。

在百里奚的引导下，秦穆公找到了蹇叔。蹇叔则告诫秦穆公："秦国要想称霸天下，必须克服贪婪、愤怒、急躁这三种情绪。之所以要克服贪婪思想，是因为彼时的称霸者，个个都心志高远，而过于贪婪的欲望，往往会冲昏人的头脑。要想实现自己的目标，必须结合自身实际，有计划地、一步一步地走，如此才能有所成就。而愤怒不仅是他人，更是自己的魔鬼。要想称霸天下，势必会遭到他国的反抗和责难，过于感情用事，头脑就会被愤怒所蒙蔽，国家也会因此迷失方向。秦国东出天下的路没有捷径可走，只有踏踏实实地积蓄力量，才能最终实现目标。急于求成，急功近利，只会适得其反。"

有了秦穆公打下的坚实基础，秦国的后世君主们同样励精图治。我的大王嬴驷，是秦孝公的儿子。循着父辈的足迹，集军政大权于一身的他，虽然车裂了商鞅，但是继续施行商鞅的改革措施，取消世袭特权，并按军功封赏爵位和田宅、奴隶，兵种已有步、车、骑之分，军队数量达到"带甲之士百万"之众。

除此之外，他还任用贤能，不仅重用嬴华、异母弟嬴疾，同时还重用公孙衍、张仪、魏章、司马错等外籍能臣。他推行法治，北扫义渠，西平巴蜀，东出函谷，南下商於，使秦国的疆土面积扩大了数倍。

大王之后，继位的是武王嬴荡。因为武王早崩，又无子嗣，他的兄弟们为了争夺王位，彼此厮杀。在魏冉的辅佐下，在燕国为质的嬴稷得以顺利回秦，平定了公子壮、公子雍，以及朝中老臣的叛乱，将对王位图谋不轨的人全部诛杀。之后，年少的嬴稷才得以坐稳王位，秦国才不至于走上震荡之路。

新王年少，此际的秦国，与楚、魏、韩等国相比，不论是疆土面积，还是军事力量，依然相对薄弱。

群臣之中，相比芈戎、向寿等亲眷，魏冉是最为贤德的。少年时，曾被我救下的魏冉，为报答我的搭救之恩，在随我一道来秦后，便一直发奋图强，并深得大王、武王的赏识。来秦的短短数十年时间里，他由一名兵中的普通公士，逐步成长为簪袅、五大夫、右庶长，并封爵穰侯。

魏冉臂力过人，深通兵法，且擅统兵打仗。因与武王年龄相仿，又时常与武王一起切磋武艺，因而深得武王信任。于是，武王继位后，因其特别重视军事人才，此时秦国也开始设置武官的最高职将军。魏冉因为战功卓著，成为秦国历史上的第一位将军。

在魏冉的辅佐下，我和稷儿开始施行远交近攻的战略：先灭赵、魏、韩三晋，并逐步削弱楚国和齐国的势力。如此，我们才得以在极短的时间里，使秦国的国力大大增强，为秦国走向富国强兵的道路打下了坚实的基础。

第六章

情爱

有一种爱是高山河谷

芈月说："未遇大王前，我只知儿女情长。步入王宫，我方知这个世上还有比儿女私情更为宽广的高山河谷。"

情窦初开

恋爱使人成长，爱情使人成熟

时光不停地奔跑着，掳去了人的青春，毫不留情地将我们头上的青丝变成了华发。

世间万物皆有情爱，不管是静止的草木、无言的飞鸟，还是在天地间纵情奔跑的走兽，它们都有情有爱，且以各自不同的方式，展示着自己的情爱。

人前，如男人一般的我用坚强、刚毅做面具，确保我的决策能够顺利执行。但是，每一个坚硬的外表下，都掩藏着一颗柔弱的心。尽管命运的权杖把我推为人主，令我执掌整个秦国的命运，可是我终究是个女人，我也有脆弱的一面，也会为突如其来的欣喜而感动。

当一个人在风口浪尖孤独地行走了许久，无以名状的忧伤，便会将残破的果敢一点一点地吞噬。尽管美丽的容颜还在，但是心，已然布满沧桑。我的心底，时光、世事也在蹉跎中一并老去。

离开故土，远嫁秦国。一转眼，来到异国他乡已经数十载了。曾经青春年少的我，此时已然成了一个步履蹒跚的老妇人。

当我的儿子昭襄王在朝堂上一步一步地成长，秦国亦在众多贤者的不断努力下迅速崛起的时候，我选择了从众人仰望的太后之位退居幕后，将驰骋天下的重任交给我的儿子昭襄王。

这样的归隐，不是为主的我怠于行使王的权力，更不是久居高位的寒冷夺去了我昂扬的斗志。相反，同每一个和秦王宫有关的人周旋，同诸侯列国之间开展的每一场对决，以及每一寸得到或失去的土地，都令我呕心沥血、费尽心神。

尤其是当我们囚禁了楚怀王，使愤愤不平的齐、魏、韩、赵等国再次以为楚怀王鸣不平为借口向我们大举进攻时，不论是我，还是我身边的甲士，皆以昂扬的斗志，投身于战场，誓与秦国的命运共存亡。

岁月的轮回中，昭襄王像极了他的父亲。他在我、魏冉、芈戎、嬴芇、嬴悝等的辅佐下，励精图治，不辞辛劳，使秦国犹如一个充满活力的少年人，以蓬勃的生机不断发展壮大着。

迷离的红尘，并不是每一个人都能经得住这瞬息万变的速度。

当人渐渐老去的时候，总爱回忆自己的过往。比如，那喧嚣四起的战场，那曾经的悲欢离合。我所遇到的人，和那颗受了伤的心，也一并在回忆中慢慢变老。

我时常想起我的故乡，想起那些逝去的人。于是，怀旧便成了退居幕后，且百无聊赖的我，打发时光的最好方式。

曾经，我也有着如花似玉的桃李年华。那时的我，亦在父母的呵护下终日无忧无虑地成长。那里，有生我养我的父母，有传授我知识的老学士，还有与我们芈家和魏家血肉相连的族人们。

悠远的长江水，养育着我的成长；漫山遍野的茶园，有我童年时无忧无虑的欢笑，并留下了我濯足欢唱的快乐时光。只是，随着年龄的增长，我们的欢笑越来越少，烦恼却如几何数字一般，在成倍地增长。

尤其是爱情，在经历了太多的人，和太多的事以后，那颗充满爱的心，便也渐渐麻木了。不管是拥有无上权力的大王，还是令我一直逃避，却又不得不为他生养了两个孩子的义渠王，他们皆如匆匆的过客，携着不同的目的与我相处，却又用着相同的理由与我绝尘而去。

嫁与大王为妻之后，我们没有花前月下，更没有心灵的交汇。相反，在这个处处是陷阱、人人都想置对方于死地的是非之地，被楚威王作为交换筹码的我，初进秦王宫时是一直被冷落的，并且过了许久都无人问津。

每一个女人都希望得到丈夫的疼爱。可是，在身为大王的丈夫嬴驷面前，卑微的我却渺小得如同一粒尘埃。而且，秦王宫宫门深锁，等级森严，不仅有烦琐的礼仪，还有诸多的规矩。

我的泰然处之，使我离大王渐行渐远。于是，我的兄弟们不得不催促我设法接近大王，尽早取得名分，唯有如此，我在秦王宫里的地位才能稳固。

可是，他是秦国的王，不仅坐拥天下，而且妻妾成群。曾经有一位哲人说过，在两性的世界里，以柔为美的女人，在用温柔与贤淑控制着这个世界。但是，爱情不是等价交换、不是索取，更不是一味服从。倘若投入爱情里的女人，因为爱情而变得喋喋不休，或者在爱情里迷失了自我，变得敏感多疑，抑或是失去了原则而处处讨好，注定是得不到真爱的。

初涉人生，对于前途和未来，并未有过多少打算的我，以为救了弟弟的性命，完成了当姐姐的使命，此后自己的人生便不再那么重要了。

于是，仗着骨子深处的那一点点清高，我未曾刻意去争取什么，除了等待，便是用诗和茶打发我无味的光阴。

只是，人可以没有所求，可以没有心机，但是不能对时间挥霍无度。尤其是在机关重重的后宫里，如此无味地等待，便意味着自生自灭。

对于我的到来，情敌们都在虎视眈眈。尤其是惠文后，自打我步入咸阳宫的第一天起，她便对我极端警惕。

我的两个弟弟魏冉和芈戎、以及母族兄弟向寿，是在我嫁入秦国前，经过我在楚威王面前的一再恳求，才作为我的陪嫁一并来到秦国的。

那时，主张合纵之策的公孙衍，游说了齐、魏两国，致使赵国大败。此后，公孙衍又想继续拉拢韩、燕、中山等国，集数国力量来与秦、齐、楚三国对抗。得知消息的大王，为如何破解此危机辗转不安。

我的到来，无疑给原本剑拔弩张的两国关系带来了转机，也令焦急的大王看到了希望。

作为秦国的福星，弟弟魏冉和芈戎，也不失时机地对大王身边的人献媚讨好。并乘中秋佳节之机，分别给国相张仪和服侍秦王的张公公，以及那天在惠文后面前为我解围的刘公公等人，送去了从楚国带来的珍贵宝物，以图示好。

在亲人们的不懈努力下，我和大王终于在一个毫无准备的傍晚见面了。

其实，这样的相见，对于大王而言，不过是在例行一场公事，是身为一国之君的他，对自己的嫔妃，抑或是对代表楚国的我的一种公务性问候。

我的寝宫，狭小而简陋，不见胭脂水粉的梳妆台上，除了笔墨纸砚和几本书外，别无他物。

这日，无心等待的我，照例在自己的住处一边读着《诗经》，一边侍弄茶水。正当我沉浸于诗中美好的意境时，屋子里不知何时已经站满了人，直到内侍张公公故意咳嗽着提醒我，还不赶快下跪问安时，我才慌忙地藏起书，并红着脸、低着头，跪在了大王的面前。

女人，纵然没有光鲜的容颜，没有华丽的衣裳，但是只要有了闪光的灵魂，那么，她的生命注定会散发出香气。

没有事先通知，更没有刻意的精心打扮。大王来时，一个本真的我，就这样展示在了大王的面前。

以一颗坦荡的心示人，纵使何等平凡，也是一朵绽放在深谷里的花，淡雅而芬芳。喜欢读书、内敛不张扬，或许这一点恰好迎合了大王的审美。于是，这样的我，在大王眼里便成了后宫里独一无二的女子。那日，我成了大王心中的一片云彩，令他疲惫的心得到了暂时的释放。

身在王宫里的女人，虽然个个都身着华丽的外衣，美艳得犹如春天的花朵。但是，这样的花，如果没有精神的滋养、学识的灌溉，纵使容颜再美丽，那也是苍白的，注定会在厌倦中黯然凋零。

在血雨腥风的战场上拼杀了许久，再回到那高大宽阔的朝堂，疲惫的大王需要的是一声温柔的问候，一杯暖暖的茶，还有能够帮助他启迪思维的交谈。

经过短暂的交谈，我惊讶地发现，原来，征战于沙场的大王竟然也喜爱诗，并且懂诗，尤其是他对《诗经·大雅·生民》中，有关“厥初生民，时维姜嫄”等句的理解，更是超乎我的想象。

当两颗年轻的心跨越时空的界限，彼此相对的时候，仅仅是一个微笑，一个低眉颔首的默许，便是一杯甘醇的美酒，香甜而醉人。

我略通文墨，且擅楚简书法，大王很快视我如珍宝，并将我带在身边，时刻不离左右。而我亦在大王的教导下，学习着帮他整理文案。

由于我做事稳重、一丝不苟，大王委以我的任务也越来越多。比如，撰写文案，代拟诏书，宫中嫔妃、命妇的任免等，都令我代他执行。

只是，如此的重用和恩宠，我却没有从大王那里得到一个正式的名分。或许是因为我来自楚国，加之我来秦时，又带来了家中诸多的姊妹、同宗的族人；亦或许是因为在来秦的路上，那个名叫义渠王的男人对我的无理纠缠，令大王心有芥蒂。

我不能选择自己的出身，更没有给大王带来些什么。无力改变现状的我，只能在大王的面前一直谨小慎微。

委身义渠

在最深的绝望里，看最美的风景

“南有乔木，不可休息；汉有游女，不可求思。汉之广矣，不可泳思；江之永矣，不可方思。”

在冰冷的朝堂上，看腻了臣子们一贯的胆怯、献媚，或者一本正经的机械面庞后，我的出现，犹如一缕春风，使大王枯萎的心田落下无数的雨滴，令他渐近枯竭的心顿时充满了活力。

陪伴大王侍弄文墨的日子里，虽然我的每一个言行、所做的每一件事，都要经过深思熟虑，但是这样的时光，令我感到充实。因此，每一个朝会，每一次大王与众臣工的商讨，以及大王的每一个决策、每一道诏令，我都在认认真真地听，且在用心揣摩，虽然我没有发表任何意见的权利。那时的时光，犹如潺潺流去的清泉，飞快而短暂。

不久，我为大王诞下了我们的第一个孩子，大王对此欣喜不已。而我，也母凭子贵，由一名无名的侍妾，被晋封为“八子”，并且移居上阳宫。

孩子的出生，使我和大王的关系更近了。大王让我寸步不离地陪着他，朝中的决议也从不对我避讳。巍峨的朝堂上，卑微的我，俨然成了他的左膀右臂。

然而，就在我与大王情意正浓时，惠文后的浓浓醋意已经弥漫了整个秦王宫。一连为大王生下两个女儿的她，见我颇得恩宠，担心自

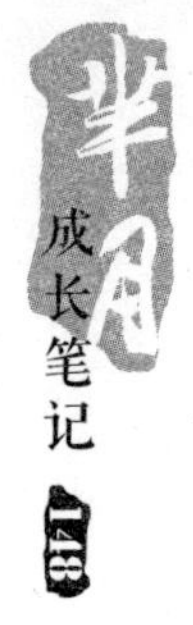

己的王后之位旁落他人，便设法夺了宫人郑氏所生的孩子荡，并执意地立为了太子。

对于惠文后的冷眼和敌视，我只是笑脸相迎。对于她的每一次刁难、每一个责备，我都竭力隐忍。并且，我将旁人的嘲讽视作动力，用谨小慎微守护着我与大王相处的每一个难得的时光。

在我看来，不论是为大王草拟诏书，还是为他奉上一盏热气腾腾的茶，我都觉得无比幸福。

沐着大王的恩宠，我的世界充满了阳光。只是，当阳光升起的时候，总有太多阳光不能触及的地方，并令我的前途在黑暗里沦陷。并不是有心，亦非刻意而为。有时，仅仅是一个转身，红尘中的你我，便成了最熟悉的陌生人。

彼时，在国相张仪的连横政策下，围困秦国数载的魏、韩、赵、燕及中山五国的“五国相王”行动终于被成功破解。大王乘胜追击，利用秦国与楚国刚刚联姻的关系，督促楚怀王与秦联合共同向魏国出兵，挫了与韩、赵、燕等国互为称王的魏惠王的锐气。

原本，身在魏国的公孙衍想拉拢齐国，齐国则认为中山国国力甚小，不屑与之为伍，不承认中山有“王”的资格，并想借机联合魏、赵、燕三国，废除中山国“王”的称号。而大王则想进一步拉拢齐国和楚国，设法破了公孙衍的合纵之策。于是，怀着各自的心事，大王约了齐、楚、魏三国的国相在啮桑会面。

为了消除秦国对魏国的威胁，魏惠王还积极地采取措施，频繁地与诸国建交，同时还带上太子，和韩宣惠王一道在平阳会见了齐威王，乞求齐国的支援。

为了能使楚国的立场始终偏向于我们这一边，大王不得不派刚刚做了母亲的我，在庶长嬴疾、国相张仪，以及我的兄弟魏冉的陪同下，携着两车金银财宝，前往会盟的目的地啮桑。

能够代替大王出席这样正规的场合，初出茅庐的我倍感荣耀。而大王之所以派我前往，是因为他担心狡黠多变的楚怀王会在魏惠王和齐威王的诱骗下临阵倒戈。同时，大王还认为，我来自楚国，不论楚怀王是否出席会盟，只要有我出现，凭借秦楚两国的关系，楚国必然会偏向秦国这一边的。

愿望是美好的，我对此也是信心满满，并祈望自己能在会盟的会场上发挥作用。只是，事情总不如人的预想，并不是每一次的付出都能得到预期的回报。

仪式尚未正式开始，我便险些在昭阳跋扈的嘲讽下乱了手脚。

原来，楚怀王担心此次会盟是一场“鸿门宴”，便不敢亲自前往，只是派了自己的心腹楚令尹昭阳前来。

因为楚国是列国中的强者，所以对于此次会盟，昭阳显示出一副趾高气昂的状态。当他在屈原等人的簇拥下进入会场时，从未经过这种大阵仗的我，顿时紧张起来。昭阳见状，不分场合乱发脾气的老毛病顿时发作了，指着我大骂道：“看来芈姑娘到了秦国，已经忘了本，乌鸦变凤凰了啊！”

昭阳本想从气势上灭了我的威风，并借机搅了会盟。此时，不明就里的魏、齐两国使臣，也在一旁冷笑着，看我的笑话。并且都在等待着，此次会盟在一个女人的搅和下以失败告终的结局。

只是昭阳却不曾料到，秉着大王旨意而来的我，也想为大王出一把力，更想帮大王解了齐、秦两国之间由来已久的积怨。

昭阳对我的攻击和嘲讽，除了为了国家的利益，更多的是在为冤死在魏冉拳头之下的侄子鸣不平。为了化解矛盾，我立刻命令身边的魏冉：“昭阳大人在此，还不赶紧给他下跪。当年在楚国，昭阳大人当着楚威王的面，宽宏大量地饶恕了你，免去了你的死罪，现在还不给他磕头谢恩！”

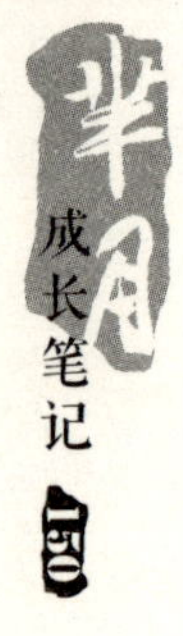

就这样，会盟在昭阳的怒骂以及我和他的争执中，拉开了帷幕。

我们将满箱的金银器皿分别送给了楚国的昭阳和齐国的淳于髡。又在得了好处的昭阳和淳于髡故意对魏相惠施的唏嘘声中，将大王刚刚攻打下来的蒲阳之地送还给了魏国。

会盟现场，虽然与会的齐、楚、魏、秦四国使臣都在各怀心思，且在为各自的利益争论不休。但是，一直就对秦国的所作所为不满的屈原，却被张仪的故意挑拨而气走了。得了好处的惠施也很快翻了脸，竟然当着我们的面，质问昭阳和淳于髡："你们难道就被这点好处蒙了双眼，放手让秦国做强做大吗？"

混乱的会盟持续了许久，也没有得出个结果。当惠施这样一句故作姿态的质问，令现场陷入一片尴尬的时候，会场的外面，一群身着黑衣的蒙面人，犹如夜里的幽风一般，朝我们所在的会场潜伏而来。为首的，正是那个在我入秦时，对我纠缠不休的义渠王。

正是因为义渠王的出现，令我与大王的一切美好，在这一刻戛然而止了。

凭借一身高超的武功，以及他带领的精锐部队，啮桑会盟这个本就不太和谐的会议，便在他的刀光剑影下乱作了一团。

"乒乒乓乓"的枪棒声中，我被我的兄弟魏冉护送着逃了出来，躲在会场之外的林子里。

原来，楚怀王数次被欺，便想借义渠王之手，取了张仪的性命，以洗雪前耻。而受楚怀王指使的义渠王此时也想从中分得一杯羹，又听说有我在场，便不假思索地赶了来。

旷野的山林中，义渠王就这样与我们不期而遇了。尽管有他的将士们在场，还有国相张仪，以及我的兄弟魏冉，可是他却旁若无人地对我出言不逊。

义渠王明知我的身份，可他依旧不依不饶，并循着原来的话，继续要我做他的女人。

为了拖延时间，等待随后而至的救援部队，我只得顺水推舟答应了他，并要他为我举办一场像样的婚礼。

岂知，我的敷衍之语，义渠王竟然答应了。而他如此痛快的回答，却令我慌了。从小便在父母的教导下，学习仁、义、礼、智、信的我，此刻怎能放下为人妻、为人母的责任，去顾盼别处的芬芳？纵然世俗会默许，可在我的内心深处，这却意味着不耻，有失妇道，亦是对秦国王权的藐视。

此时，义渠王支开了所有的人，整个空旷的山林只剩下我和他两个人。当他向我伸出温柔的双手，想要与我亲近时，毫无退路的我只得拔下头上的发簪，抵在自己的脖子上，为大王、也为我自己证明了清白。

黯淡的月光下，义渠王怀着失落的心情从啮桑无功而返，我亦被大王的快马以最快的速度接回了咸阳宫。

虽然我回宫以后，依然被大王宠爱着。并且，不论是朝堂还是后宫，我都寸步不离地陪在大王身边。可是，因为与义渠王的那场交锋，从此的我，却在与大王渐行渐远。

我和义渠王的事，被好事的人在咸阳宫里大肆渲染。人们也因此对我议论纷纷：有的人在怀疑我去啮桑的真实意图；有的人则当着大王的面训斥我的行为使大秦国蒙了羞；惠文后更是以秦国主人的身份，将我关在牢里，对我严加审讯。

生理的痛，令我坦然；可是来自心上的痛，却是任何人都无法弥补的。虽然大王在第一时间将我从惠文后的牢里解救了出来，但是，在此后的蓝田大战中，我却被大王如礼物一般送到燕国，成了秦国置在燕国的单方人质。

一个人只有经历了生老病死，才会知晓生命的珍贵；一个人只有

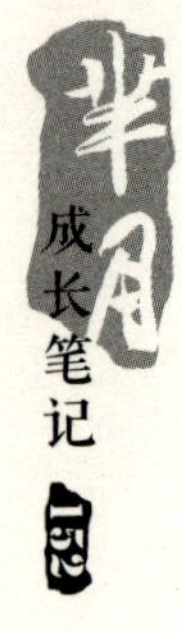

在失意的时候，才会看清周围的人。当一个人被别人怀疑的时候，只要信心不倒，任凭外界如何误解，他的内心都是强大的。

纵观那些想要将我排挤出局的人，他们对我的所作所为，不过是内心空虚的他们，在以他人的短处来弥补自己思想或处境的荒芜罢了。

可是，远离秦国，入燕为质，便意味着我和大王的永别。从此，被派往异邦的我，再也无缘和大王相见了。

忍痛割爱

有时，不爱也是一种勇气

爱上一个人，仅仅是一瞬；但要忘掉一个人，却是一生一世。

对于义渠王的一往情深，我本应该严词拒绝。可是，当我成了秦国的王太后、我的儿子嬴稷成了秦国的王时，为了秦国的苍生，我却不得不与义渠王走到了一起。

秦国新王甫立，齐、楚、韩、魏等国见秦国新主年少，辅政的又是个女人，便偷偷筹划着，准备集结数国力量，再来一次合纵伐秦。当一个人披上权力的外衣时，便不能如普通人那样想爱就爱，想恨就恨了。纵有高山河谷一般的爱恨情仇，都要被至高无上的权力所主宰。

同丈夫之外的陌生男子相处，令我深感自责。

虽然大王已经故去很多年了，可我依然怀念和他在一起的时光，怀念着和他说过的每一句话，和他共同写下的每一首诗，甚至我们使用过的每一件物品。

大王的伟岸博大，犹如宽广的高山河谷。尽管我卑微得如同落在尘世里的一粒尘埃，是他宏伟的殿宇下一枚纤巧的落叶，但是，正是因为有了他的温柔臂膀，我才能站在如此高峰，俯瞰人间的冷暖，掌握整个大秦国的命运。

我不是一个喜欢漂泊的人，对于已经认定了的人、事，以及情感，不管经历几许风霜、几度岁月，我依旧会坚持自己当初的选择。

我曾一度想断绝同义渠王的来往，并一直在回避他对我的示好。虽然我是秦国的王太后、大秦国的实际掌权者，但是在世俗的观念里，我既然守了寡，就应该恪守“未嫁从父、既嫁从夫、夫死从子”的准则，不论是言行举止，还是衣着打扮，都应该是一副悲伤的寡居状。与义渠王的这段情，也应该永久地尘封在记忆深处，不能触及。

义渠王不仅高大英武，而且年龄与我相仿。入秦时在秦国边境的那场邂逅，以及在啮桑会盟上的几次简短接触，让我感到，他虽然外表嚣张跋扈，实则温柔如水。与大王的严酷相比，义渠王的火热瞬间便点燃了我泯灭已久的激情。

把时光的轮轴再次拨回我初入秦国的时刻。那时的我，怀着一颗不安的心在通往秦国的道路上疾驰。我的身后，不甘就此罢手的楚令尹昭阳纠结了义渠王，一路马不停蹄地追踪着，准备伺机报复。

在秦国的边境，一片混乱的厮杀声中，我与义渠王就这样结识了。其实，对于我的大名，义渠王早有耳闻。或许，能够做些诗文、且粗懂些文墨的我，和他王宫里的女子是不一样的。

每一个男人，都希望自己能有一个聪明的知己，既有美丽的容颜，还有帮他分析问题、解决难题的智慧。于是，被月光洒满了银色的树林里，怀着强烈征服欲望的义渠王便当着众人的面，态度虔诚地对我说，要我做他的女人，并想和我聊一聊。

孰料，这样的聊，竟然使我的人生、我的命运全部打乱了。命运的权杖下，人总是显得那么渺小，那么不堪一击。而且，当一个人到了一个众人仰望的高度之后，便没有了隐私，失去了自由。不论是饮食起居，还是一言一行，甚至是所说的每一句话，写下的每一个字，均在旁人的关注之下，而且要载入史册。

当我们猝不及防地爱上一个人，或者无心被一个人爱的时候，我们的世界是精彩的。在爱与被爱的幸福里，我们可以体味到人性最为真挚的本真，可以幸福地笑，也可以尽情地哭。但是，当爱情被赋予了权利时，便注定要在黯淡中失去彼此的惺惺相惜。

咸阳宫，巍峨得如同情人的怀抱，令单薄的我在大王的光环下心生依恋，笑靥如斯。大王每况愈下的身体令我牵肠挂肚；芾儿和悝儿两个尚未成年的孩子还需要我的呵护；大王的宫殿里，我们还有许多未曾倾诉的衷肠；他的几案前，那盏空了的杯盏只剩下浅浅的温度，其中的香茗还需要我来继续为他烹煮。

蓝田的战场上，滂沱的大雨不仅浇灭了将士们昂扬的斗志，更洗去了人世间一切的冷暖。嬴壮和惠文后等人的步步紧逼，为了避免夺嫡之争引起的屠戮，为了秦国与燕国之间永不再战，我和稷儿就这样离开了大王，到燕国做了秦国的单方人质。

与君一别，你我便从此咫尺天涯，永不相见了。

之所以如此痛苦地决绝，我们都是为了秦国的未来，希望秦国能少一个对手，多一份援助的力量。彼此的思念，也只能从两国之间鲜有的国事交往中，去感知彼此的存在了。

人总是在经历过一番苦难与折磨之后，才会变得成熟。或许，这样的经历，是命运在将大任交付于我之前，特意安排的一场彩排。

在风雨飘摇的战国时代，身在王宫，不论是王后、嫔妃、公子，为了国家的利益，其实每时每刻都在权利的摆布之下，或被他国所用，或成为他国的主宰。

异国他乡，身为秦国人质的我，虽然远离了王宫里纷繁复杂的纷争，但是，性命的安危，以及燕国君主别出心裁的“禅让制度”引起的国内大乱，亦使我们在惊恐中饱受战乱的洗礼。

那时，学习尧舜禅让的燕王哙把王位让给了自己的国相子之，燕国由此大乱。齐国借平定内乱之名，乘机打进了燕国，一代昏君燕王哙惨死在了齐军的屠刀下，燕国险些沦为齐国的领土。在刀光剑影的动荡中，我只得和儿子嬴稷相依为命。

此后，年轻的武王因为年轻气盛，拼着一身蛮力，在举“九龙神鼎”时失了性命，由此使我们得到了再次返秦的机会。我的儿子嬴稷也在庶长嬴疾、兄弟魏冉、芈戎等的合力下，接替了武王的王位，成了秦国的王。

一个男人和一个女人在花前月下的低眉相对，是人世间最朴实的爱恋。但是当他们把爱恋的地方移到朝堂之上时，便是权利的对决，是国家与国家利益的较量。

在义渠王的眼中，我识文断字、充满智慧，和他后宫里那些目光呆滞、面色苍白的女子完全不同。

当一个女人有了思想、有了容貌，她的灵魂便是充满香气的，而这样的香气会令男人心动，会使男人的心与你彼此相通。

为了引起我的注意，当着众人的面，义渠王对我故意刁难，他威胁着向我讨赏，不然便举兵来伐秦。

确实，此际的秦国与义渠相比，可谓百业待举。而且，在敌强我弱的现况下，与义渠正面对抗，只会使秦国沦于受制于人的惨败境地。

老子在《道德经》里曾言：“将欲歙之，必固张之；将欲弱之，必固强之；将欲废之，必固兴之；将欲取之，必固与之。是谓微明，柔弱胜刚强。鱼不可脱于渊，国之利器不可以示人。”所以我决定，用暂缓的法子避其锋芒，在别人的忽视里积蓄自己的实力，用柔弱对抗雄强，以情爱融化凝结在他心间的冰霜。

为了稳住义渠王，令他放下举向秦国的屠刀，防止由此而起的边境骚扰，昭襄王的登基大典结束后，我便留下了义渠王，将他带到了我的寝宫。

低垂的帷幔里，我卸下朝堂上的威严，用女人的娇羞，和若即若离的楚楚泪光，成功地使义渠王败倒在我的石榴裙下。面对我的柔情，义渠王向我起誓，秦、义两国，只要有他义渠王在，便不再有战事。

循着秦国王太后的使命，为秦国的边境筑起一道坚实的边境防线，还秦国子民一个安定的生活空间，是身为太后的我的基本职责。可是，对于一个失了丈夫的孤寡女人而言，又该需要怎样的勇气呢？

每个人的心中都有一湾宁静的湖水，都希望自己的一生太平坦荡。可是，遇见了不该爱的人，纵使那一湾湖水有多么宽广、深邃，他心中的湖水也是波澜起伏的。

细数义渠王的种种，他对我的爱是纯粹的。不管是在我来秦时的路上，还是啮桑会盟的现场，对于我的每一个条件、每一种请求，他都来者不拒。

他的阳光、真诚和执著，使我仿佛回到了那无忧无虑的少女时代。可是，他是义渠的王，他的喜怒哀乐，决定着义渠子民的幸福安乐；他的渐近强大，决定着义渠国与其他诸侯国的存在与发展。

因此，我只得忘却心中的宁静，放下与大王曾经相守的记忆，强颜欢笑着，用我的美丽与柔情，在义渠王处换得秦国的片刻安宁。

流亡君王

抵住底线，方是最好的自己

忍耐、慎独、顿悟，是人的三种境界。

我们的人生，有太多的地方需要忍。比如，适度的索取，是人际间的一种普通交往，一旦过度，便会成为对方的负担，使自己落入尴尬的境地。

红尘滚滚，活在尘世中的每一个人，不管如何富有，如何位高权重，纵使有着倾国倾城的容颜，有着坚如磐石的体魄，一旦跌入欲望的泥潭，便会被他人所左右，从而失去本来的面目。

我的母国楚国，是周朝时华夏族在中国南方建立的一个诸侯国。我的祖先最早活动在黄河流域的中原之地，在江汉地区发展壮大。

楚国在鼎盛时期，西有黔中、巫郡，东有夏州、海阳，南有洞庭、苍梧，北有陉塞、郇阳。疆土面积达五千余里，甲士百万，兵车千乘，铁骑万匹，储藏的米粮可供楚军受用十余年。时人曾竞相赞美楚国：“楚人地南卷沅湘，北绕颍泗，西包巴蜀，东裹郯淮。颍汝以为洫，江汉以为池，垣之以邓林，绵之以方城。山高寻云，谷肆无景，地形便利，士卒勇敢。”

假若雄强的楚国一直这样强大下去，楚国后来的君主也如楚国的先贤楚昭王、楚惠王、楚悼王、楚宣王、楚威王那样，不断地平定叛乱、变法革新、整顿吏治、爱惜臣民，礼贤下士，想必现在的楚国已然是列国中的“超级大国”，并且有朝一日将成为东方战场上攻无不克、战无不胜的绝对霸主。

然而，楚国阔步发展的步伐，却在楚怀王这一代戛然而止了。因为楚怀王行事优柔寡断、贪婪成性，故而，楚国先辈们历经数代积攒下来的庞大基业，在楚怀王的手中一点一点地败落了。

楚国的衰败首先表现在人才的流失上。原本，与公孙衍同出一门的张仪曾是楚令尹昭阳的门客，可是喜好炫耀的昭阳却以为张仪偷了自己的和氏璧，并将其赶出了楚国。

到了秦国，张仪出于对楚国的报复，亦是对大王的感恩，便以六百里商於之地诓骗楚怀王，令其与齐国断交。面对土地的诱惑，楚怀王果然动心了，并很快与齐国断了交，并在翘首张仪许给自己的土地。然而，楚怀王却只得到了张仪以个人名义给的六里地。

得知自己被戏弄的楚怀王恼羞成怒，立刻发兵进攻秦国。结果被魏章大败于丹阳，楚军八万将士全部阵亡，大将屈匄也成了秦国的俘虏。

楚怀王不甘心失败，又举全国之力再度攻秦，结果败于蓝田。魏、韩两国得知楚国在与秦国交战，遂乘虚向楚国进攻。楚怀王闻之，不得不从秦国撤了兵。但是，楚国与秦作战，和齐交恶，加之魏、韩等国的介入，楚国被彻底孤立了。

尽管如此，只要楚怀王改过自新，楚国依然有挽回的余地。可是，楚怀王却不知悔改，依旧贪恋于女色，致使楚国陷入日益衰败的境地。

昭襄王登位之初，秦国内部局势不稳，外部的齐、楚、韩、魏等国，见秦国新王初立，且是孤儿寡母主政，便纷纷摩拳擦掌，准备集数国力量，将秦国瓜分干净。为了寻找更多的政治支撑，我不得不以楚国女儿的身份，再度回到楚国，设法拉拢楚怀王。

经过与楚国联姻，两国成了昆弟之国。且在国书中言明：秦、楚

两国世代友好，永不宣战。

楚怀王以为，得到了我的人，便得到了秦国的天下。可是他却不知，正是因为自己与秦的结盟，楚国已经一步一步地沦为了他国的众矢之的。

首先作出反应的是魏、韩两国。为了报复楚国的背信弃义，他们便联合了齐国，一道对楚出兵。

仅仅数次交锋，楚国就被魏、韩、齐夺了六座城池。楚怀王只得用把太子熊横送给我们做人质为条件，来换得我们的支援。

然而，襄城一役后，当我们开始对楚国实行怀柔政策时，太子熊横却杀了我们的大夫，从秦国逃走了。

若许年来，我们与楚国的时战时和，皆因亲情的元素在其间。如今，最后的一丝联系也被熊横斩断了，我们便有了充足的理由对楚国出兵。

为了说明事情的原委，依旧不愿动武的我们，约了楚怀王到秦国来谈判。楚怀王对我们的邀约心存忌惮，遂带了一万楚军前来，一来为自己壮胆，二来担心中途生变。

其实，我们早已做好了擒拿楚怀王、逼他交出楚国大权的准备。因此，当楚怀王的人马到达武关时，我只派了与昭襄王长相颇为相似的弟弟嬴悝去迎接他，并把他的人马扣在了武关关外。

在咸阳的章台，昭襄王以君臣之礼，命令楚怀王对自己三拜九叩。

只想着从别人那里得到免费的午餐，注定是会被别人欺辱的。想到秦、楚两国本是姻亲之国的关系，楚怀王愤怒不已。可是，他却依旧不知悔改。

到了这样的地步，最后一丝幻想终于破灭的我，才有所醒悟。原来，这免费的午餐不是白吃的。女人的美丽，旁人无端的示好，只是一枚包装华美的诱饵，只要吃下去，便会如上钩的鱼儿一般，被别人牵着鼻子走。

不论是哪个人、哪个国家，落后了就要挨打。楚怀王和他那败落的楚国亦然。彼时的楚国，民怨四起，群龙无首。

幸而，楚怀王还有他的女儿叶阳。叶阳是昭襄王的王后，并且深得昭襄王和我的宠爱。

父女连心，叶阳不忍年事已高的父亲遭受牢狱之苦，更恨丈夫的薄情寡义，便偷偷地把楚怀王放了。而叶阳本人也抛下自己年幼的女儿，带着父亲化装成普通百姓，逃出了秦国。

尽管楚怀王被秦国囚禁一事已是天下共知。但是，人只有在落魄的时候，才能看清许多事，看清许多人。落魄的楚怀王也是在此次逃逸中，看清了曾经吆喝着要与楚国结盟的诸侯列国的本来面目。

楚怀王父女先是逃到了蓝田。因见蓝田关口处盘查森严，他们担心露出马脚，只得沿着渭水一路逃到了赵国。

楚国与赵国原是结盟国，两国之间亦无领土的争端，加之先前楚、赵、魏、韩等六国合纵攻打函谷关时，楚国曾是六国的盟主。后来秦国围攻赵国都城邯郸时，楚国还曾派兵对赵鼎力相助。

于是，抱着一线希望，楚怀王叩响了赵武灵王的关门，向赵武灵王请求，希望他能看在往日的情分上，帮自己一把。

赵国和秦国本是一对不折不扣的冤家对头，作为秦国最强劲的对手之一，赵国一直以来都在与秦国作对。但是，此时赵国正在着力发展本国的实力，改革兵制，实行“胡服骑射”。赵武灵王见楚怀王如此落魄，不想因不必要的纷争而阻碍了自己国家改革的步伐，更不想因这个落魄的君主给自己带来麻烦。

于是，赵武灵王只差人打发了楚怀王少许钱物，并派内侍转告楚怀王：“你去找魏国吧。现在，魏国正联合齐国、韩国与秦作战，你去了一定能给他们增加士气。”

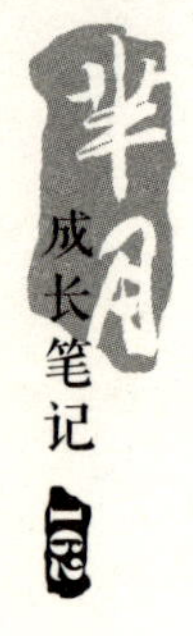

楚怀王无奈，只得调转车头朝魏国方向赶去。可是，还不等楚怀王到达魏国，随后而至的追兵便把他抓住了，并将他重新关进了秦国的大牢。

不是因为战败被俘，也不是因为国力匮乏，只是因为一个小小的“贪”字，曾经叱咤风云的一代君主，便沦为了我们的阶下囚。

再入秦国的牢笼，楚怀王往日的风采彻底垮塌了。如今的他，斗志全无，面色晦暗，神情憔悴，俨然守了寡的市井老妇。

昭襄王和我对他轮番审讯，逼着他将楚国的巫、黔之地割让给秦国。并且威胁他，楚国太子熊横如今正在秦国做人质，他自己也被关在秦国的大牢里，如若不答应，偌大的楚国很快便会因群龙无首而崩溃了。

直到这一刻，楚怀王才彻底醒悟了。原来，他眼中那个弱不禁风的我，竟然是如此的强大。秦国对楚国的种种示好，原来都是怀有目的的。

他顿足捶胸、老泪纵横，悔不该听信了张仪的诓骗，使自己背上一个“贪婪”的骂名；不该为了蝇头小利，而与魏、齐、韩、赵等国背信弃义；更不该被女人的美色所惑，使楚国的土地被他国一步步蚕食。

然而，并不是所有的悔过都有弥补的机会，更不是所有失去的东西都能够再挽回。

秦国的大牢，阴暗冰冷，一如楚怀王从此不会再有晴天的心情。仅仅一年时间，憔悴的楚怀王便须发皆白，并于公元前 296 年，死在了秦国的大牢里。

人不可能两次踏进同一条河流。可是，楚怀王利令智昏，不知悔改的他不仅踏进去了，还因此付出了沉重的代价。

第七章

襟怀

走自己的路，让别人说去吧

芈月说：“不念过去，不畏未来。一切都是过眼云烟。”

伊阙崛起

坚持不懈，光明就在峰回路转处

楚怀王驾崩后，楚太子熊横在齐国的帮助下，回到了群龙无首的楚国，并顺利继承了王位。而我们也以国葬的规格，向楚国送还了楚怀王的尸体。

但是，在秦国国内，楚怀王驾崩的余波却依旧在继续。

楚怀王之所以能顺利地逃离秦国，完全是得益于他女儿——昭襄王的王后、我的儿媳叶阳的帮助。而叶阳的“出逃”，也令本已定了大局的秦国险些陷入灭亡的境地。

虽然在群雄争霸的战场上，列国为了各自的利益，不断上演着对决的戏码。但是，这种越过妻子与楚怀王直接进行的“翁婿之战”，却令年轻的昭襄王充满了沉重的负罪感。

将楚怀王关进秦国的大牢，作为楚国的女婿，昭襄王的决心也曾动摇过。妻子的柔情，嗷嗷待哺的女儿，所有的亲情、爱情，皆与楚国息息相关。因此，对楚怀王的追捕，我们只是画了他的画像，并诏告天下；而对王后叶阳，我们只是派了人查找，并未如楚怀王那样大张旗鼓。

在权利与爱情面前，做了贤德的君主，便不能做温柔的爱人了。

因为秦国对楚国的数次诓骗，是秦国王后，亦是楚国公主的叶阳，与昭襄王的感情也一日淡过一日。

作为女儿，叶阳希望自己的丈夫能够看在夫妻的情分上放过父亲。可是，昭襄王不仅仅是一个女人的丈夫，更是秦国的王，代表的是天下苍生。与岳父的交战，实际上是两个国家的较量。对楚国宽容了，那么下一个挨打的很可能是秦国自己。

当追兵抓走楚怀王，将叶阳弃在魏国的土地上时，可怜的叶阳便如一朵被风雨打过的落花，成了魏将公孙喜手里的人质，一任对方蹂躏了。

楚怀王客死秦国一事，令魏、韩、赵等国更加愤怒，他们因此立下毒誓，誓要将恶毒的秦国一举歼灭。

为了置秦国于死地，得知叶阳是秦国的王后以后，狡黠的公孙喜便将叶阳带到了函谷关的战场上，威胁我们缴械投降。

汹汹来袭的联军，虽然不足以对秦国造成震慑。但是，对方有叶阳在手，昭襄王立刻乱了方寸，同时也令身为母亲的我悲痛不已。

叶阳虽然是楚怀王的女儿，可是她美丽单纯，从来不插手秦、楚两国的国事。而且她性格安静贤淑，心无城府，一直以来我都将她视如己出。

也许，过于单纯的人，往往容易被人利用。尤其是在群雄争霸的春秋战国时期，不论男女，不论老幼，都想成为别人的主宰。身处其中，稍有不慎，便会沦为别人砧板上的鱼肉。

为了逼迫昭襄王就范，在函谷关的城门外，公孙喜故意将一身素白的叶阳捆绑着，并推到了队伍的最前面。

此时的叶阳，因为跟随父亲楚怀王一路奔逃，加之连日来的日晒雨淋、担惊受怕，已经憔悴得如同一张轻薄的白纸。

见此情景，叶阳只得用凄楚的声音朝着函谷关城门的方向大喊：“大王，叶阳错了。叶阳不该只顾个人私情，置国家大事于不顾。”

一日夫妻百日恩。叶阳和昭襄王本就感情弥笃，只因秦、楚两国数度交战，为了亲人的性命安危，两人的关系才在不断的争吵中渐行渐远。

秦要灭楚，即使秦、楚两国成了联姻之国，并签订了不再作战的盟书。可是，瞬息万变的时局，却使人在混乱的洪流里迷失了方向，失去了自我。

为了叶阳的尊严，为了不使大秦国受制于魏国，昭襄王不得不含着泪，用一支利箭亲手结束了爱人的生命。

彼时，魏、韩、赵三国与秦军对峙在函谷关外。林立的战车和手持铠甲的甲士遍布山头。当箭穿过叶阳的胸膛时，叶阳雪白的衣衫上溢出朱砂一般的殷红。

昭襄王疯了似的冲下城门，与公孙喜的人马混战在一起。

虽然昭襄王成功擒住了为首的公孙喜，并将其斩在了秦军的战马下，但是当他率兵追赶魏军的时候，函谷关仅留了向寿一人把守关门，埋伏在函谷关四周的齐、韩两国四十万大军，便轻而易举地攻破了函谷关城门。

在这场三国攻秦的战役中，我们因为中了公孙衍的调虎离山之计，加之兵少将寡，最终大败于魏、韩、齐三国，只得将武遂、封陵，以及足以买下整个城池的财物作了赔偿。秦国多年的努力也因此付之东流。

从来没有经历过如此惨剧的昭襄王，在此后的很长一段时间里，都对楚怀王的死后悔不已，对战役的失败颓废不已。

将王后叶阳厚葬以后，昭襄王发誓一定要为叶阳报仇，并夺回失去的所有土地。

为此，昭襄王总结了当时秦国因客卿过盛、乱用外戚，而导致秦国内政过于混乱的弊端，并于公元前 293 年，以函谷关一战失败为由，免去了主将楼缓的丞相之职，再次起用魏冉为相。

重新得到重用的魏冉为了重建功业，便向昭襄王建议，调回远在蜀郡的司马错，任其为国尉，任白起为左庶长。

此际，秦国与齐国的交战尚未停止。为了使齐国退兵，白起建议昭襄王以退为进，并分派使臣到魏、韩两国谈判，以换得秦国的喘息之机。

函谷关之战，魏、韩、赵完胜于秦。面对秦国的大败，他们以一种强硬的姿态要挟我们，要我们赔偿更多的土地和财物。

为了挽回损失，秦国在稍作喘息后，利用魏、韩两国国内动荡的局势，将本国兵力一分为二：一部分驻守蓝田的大本营，另一部分潜至韩国的边境，继续与韩开战。

在司马错的率领下，秦军所向披靡，不几日便攻陷了襄城。此一役虽然并未使秦军走出函谷关大败的阴影，但是却极大地振奋了军心，使秦军将士由此重整旗鼓。

宋国见我们又有了起色，对我们的态度也由当初的抵制变成了俯首献媚。只是，元气大伤的我们，在与韩军交战的过程中，因为两军力量势均力敌，一连相持了数月也毫无进展。韩军见状，便愈加得意起来，竟然在城墙上纷纷举起长矛向我们示威。

在列国纷争的时代，过分地陷入儿女私情，便会丧失斗志；在困难面前止步不前，便是倒退；而一个国家的落后，便意味着将被其他诸侯国吞并。

宁缺毋滥，不忘初心。昭襄王就是在这样的时刻起用了白起。

白起是魏冉的得力干将。他十五岁从军，自小便喜好钻研军事谋略，且在军中屡建奇功，所以被魏冉重用并着意培养。

为了扭转秦国被动挨打的局面，白起向昭襄王建议，韩国新城的城门看似牢固，且有铁皮包裹，但却只是一层薄薄的表皮，其内部都是木头所制。金生木，木生火。于是，经过昭襄王的首肯，待到天黑的时候，白起率领一支人马，偷偷地潜入新城城门处，在门前摆了无数被淋了油的枯树枝。

伴着滚滚的浓烟，后备军用粗大的木头对城门发起连续撞击，新城很快就被攻克了。我们一鼓作气、乘胜追击，一连攻下了韩国的三座城池。

此一役，在韩、魏两国引起了强烈的地震。魏王担心，魏国与秦国已结下深仇大恨。如今，秦军击败了韩国，下一个目标必定是魏国。为了本国的利益，魏、韩两国不得不再次联合，并集结了近三十万大军，赶往韩、魏、秦三国交界的伊阙。

大战接二连三，根本没有停歇的迹象。这令昭襄王苦恼不已、几近崩溃。因为此际，我们因函谷关一役所受的重创，已然成为列国蚕食的对象。面对来势汹汹的魏、韩联军，总兵力不足他们一半的我们，已然经不起任何风浪了。

为了增加获胜的希望，昭襄王不得不再次起用大将白起。而白起也果然不负众望，利用魏、韩两军将士各存私心的弱点，绕道魏军背后，对其突然袭击，而后又调转头来全歼韩军，致使魏、韩近三十万联军化为乌有，五座城池悉归秦所有。次年，魏王又听说白起将要攻打魏国，急忙向秦国拱手让出六十一座城池，以平息干戈。

此一役，秦国以少胜多，完胜于魏、韩联军，且使秦国从此以绝对的优势雄踞于战国战场。

一生悲楚

女人的世界不只有情爱

两个儿子夭折以后，我和义渠王的关系也走到了尽头。

仅仅用一杯毒酒，我便轻易地结束了这个陪伴我走过近三十个春秋的男人的生命。在他弥留的最后一刻，我用颤抖的双手紧紧地抱着他。

极度的痛苦中，他那张原本英俊的脸扭曲在了一起。他吃力地问我："为何对我下如此毒手？"

霎时间，凝结在我心底的泪，如同决了堤的河水一般瞬间滑落。其实，多年的相处，我与义渠王早已不是简单的男女之情了。我们有了孩子，有了亲情，在彼此的相守中，早已将各自的悲喜渗给了对方。

可是如今，两个孩子没有了，秦国与义渠的最后一丝联系也就此中断。失去了亲情作保障的秦国和义渠，随时有可能兵戎再起。为了我的儿子，为了大秦国的基业，这段不该有的孽缘，应该结束了。

公元前 311 年，我的丈夫秦惠文王，因为操劳过度，驾崩于咸阳宫，享年四十三岁。

彼时，远离王宫的我，依然在燕国做着秦国的单方人质，并与大王咫尺天涯。在此之前，我虽与大王远离，但是终究，我是一个有家、有丈夫呵护的女人，秦王宫里有我心的依靠。

可是，大王离我而去了。异国他乡，我们母子便成了失了羽翼的

孤雁。从此，只能孤身在世俗的洪流里随波逐流了。

这样的无助，一如我的父母离去时的情景，没有任何人来伸援手，更没有谁来过问痛苦得失，所有的路只能靠自己去走。

此后，在大王离去的很长一段时间里，我的情感世界几乎是一片空白。

逝去的人不会再回来，可新一天的太阳照样会升起。于是，我拭干了眼泪，将所有的精力全身心地投入到儿子的事业里。我竭尽全力地帮助儿子返回秦国，帮着他打败了惠文后、嬴壮、嬴雍等一干强劲的对手。并用谈心、施以威严的方法，将嬴稷、嬴芾、嬴悝三个儿子的心，紧紧地团结在一起。后又在咸阳宫里，用笼络封赏的办法，组建了自己的阵营，使嬴稷成功地登上王位，成为继大王以来又一位贤明的君主。

义渠位于秦国的长城之外，是秦国举足轻重的大后方。这个阴险狡诈的义渠王，似乎在我的世界里无处不在。而且，只要有他出现的地方，便有连带的战火与拼杀。

义渠也曾强大过，其地域曾东达陕北，北到河套，西至陇西，南达渭水。但是在公元前 331 年，义渠国内发生了叛乱，大王派兵助其平定了叛乱，义渠因此臣服于秦。公元前 327 年，大王又夺了义渠的郁郅城，使义渠不得不向我们俯首称臣。但是，义渠对我们却是明服暗不服。凭借顽强的毅力，他们常常举兵偷袭我们。

公元前 318 年，义渠乘列国混战之机背叛秦国，并朝贡于魏。魏公孙衍动员赵、韩、燕、楚四国与魏联合攻秦，义渠也乘机参与其中。为了消除边患，大战之前，大王不得不向义渠赠送“锦绣千匹、美女百名”，以示拉拢。

然而，义渠最终拒绝了秦国的拉拢，秦国也因此大败，不得不把战略重心转向本国的边境。

直到公元前 314 年，大王又调集重兵从东、西、南三面入侵义渠，夺了义渠的二十五座城池，使义渠疆土和实力迅速锐减。至此，义渠对秦国的威胁才有所减缓。

燕国为质的经历告诉我，同义渠王正面硬拼，结果是渺茫的。自古以来能够瓦解男人事业的最有效手段便是女人的温柔。在这个刚刚换了新主的朝堂里，义渠王的虎视眈眈俨然使得列国也开始纷纷摩拳擦掌，试图乘着这个新立的王正在“蹒跚学步”之机，再来一次合纵攻秦，将整个秦国从此推向万劫不复的深渊。

人们常说，女人不能太要强，更不能太过独立，不然会得不到男人的喜爱；可是，不坚强、不独立，在你孤立无援的时候，又有谁来向你伸出援助之手呢！

女人的柔情是高山河谷，可以融化一切冰霜，化解所有恩怨。以条件为代价的爱情，虽然满是虚假的成分。但是，自从我用温婉的言语向义渠王表示了臣服，希望他能给我温暖、给我依靠时，他的满身戾气也顿时烟消云散了。

因为我向义渠王的臣服，义渠王的眼里便从此不再有其他的女人，秦国边境的叛乱也大为减少。我们也因此有了足够的精力，着手发展本国的实力，使秦国逐步成为诸国中的强者。

卸下权力的枷锁，我与义渠王其实也只是红尘中一对再普通不过的食色男女，我们有着常人的喜怒哀乐，有着常人的悲喜欢愁。

咸阳宫里，我与义渠王的关系渐渐公开化。而咸阳宫也堂而皇之地成了我们温存的温床。人们对于我和义渠王的交往，早已司空见惯。义渠王则干脆把咸阳宫当作了自己的行宫，一住就是数十载。

在人们对我和义渠王的关系的默许中，我和义渠王的第一个孩子芈诞生了。

怀孕之初，我曾为这个不该来的孩子苦恼不已。

除去那浅薄的情爱，同义渠王的交往，更多的是因为要稳定秦国的局势。况且，在这个以“嬴”姓为主的秦王宫里，又岂能有别的血脉参杂其中？曾经为大王生养了三个孩子的我想了无数法子，想让这个还未降生的孩子胎死腹中。可是，我腹中的他或她，却如山间的野草一般，顽强地生长着。

我只得悄悄地请来医官，请他用草药帮我去除腹中的“肿块”。怎奈，那时的医术太过落后，医官不得不跪在我的面前，战战兢兢地告诉我：“臣等只会保养‘肿块’，却不敢擅自摘除。”

我心焦如焚，日子一天一天过去了，孩子在我腹中也越长越大，人们一看便知，我是怀了义渠王的孩子。

正当我为自己的失德而羞愧难当时，我的儿子昭襄王却安慰我说：“母亲的孩子便是我的弟妹。您何不将他或她送到义渠去。这样由母亲的骨血来继承义渠的王位，不仅可免除秦国的祸患，而且兵不血刃就将义渠彻底地收归为秦国所有，母亲又有何忧伤的呢？”

稷儿的智慧与开明，令我如释重负。

有了孩子作纽带，义渠王的面前，我便不再那么冷若冰霜。而义渠王也因为孩子的牵绊，彻底放弃了与秦作战的念头，并寸步不离地陪在我的身旁，直到我生产。

隼儿生得浓眉大眼，像极了英俊的义渠王。可是，这个哇哇啼哭的孩子还来不及吃上一口我的奶水，便在嬴氏族人的催促下，被带到了义渠。

同样，我与义渠王的第二个孩子，也在嬴氏族人的催促下，被义渠王带走了。

与两个孩子的分别，对我来说就是生离死别。从此，我与他们只能在无尽的梦里思念彼此的模样了。

三十载春秋，可以将一张光鲜的容颜慢慢烙上沧海的印迹，亦可使一个新生的国家逐步成长为列国中的无敌强者。

此际的秦国，经过与魏、韩、齐等六国的数度交锋后，正以绝对的优势雄居于七国之首。

当昭襄王越来越成熟、其政权也越来越巩固时，秦王宫的深处，一直在与义渠王媾和的我也在渐渐地老去。

权力的更替一如人生的四季轮回，当秦国的国力越来越强大的时候，越来越成熟的昭襄王也渐渐地不再满足于我的统治。当他固执地邀约了同样想东出天下的齐闵王准备共同称帝时，义渠王却告诉我，我和他的两个孩子隼和鹰，因为义渠的霍乱而夭折了。

失去孩子的痛苦，只有做了母亲的人才能体味。虽然他们没有与我共同生活过一日，我亦未见证过他们的成长，可是，母子连心，得到他们逝去的消息后，我顿时崩溃了。

两个孩子是秦国和义渠永结同盟的桥梁，更是秦国边境稳固的保障。通过这座桥秦国的边患问题才能得以解决，秦国与义渠的战争才能平息。可是如今，孩子没了，这座桥便也坍塌了。

失去孩子的痛苦，令我伤心不已。义渠王则在一旁极力地安慰我，希望能和我重新来过，并和我再生养一个属于我们的孩子。可是伤怀不已的我对义渠王的态度却由此急转直下。我不再理他，不想再和他见面，甚至他无比真诚的挽留，我也大为恼火。

因为，此际的我年事已高，已无法再生养了。曾经我所使用的怀柔政策，再也无法实行了。

义渠王死了，死在了我的怀里。

从此，秦国不会再有西部边陲的后顾之忧了，秦昭襄王乃至秦国的后世子孙们，从此再也不用为秦国的边患问题而发愁了。

四贵竞逐

舍去，是为了更好地拥有

上苍赐予我们明媚的阳光，令我们沐浴其中，使我们的生命焕发出蓬勃的生机。可是匆匆忙忙间，一晃而逝的时光携着奔腾的脚步，悄无声息地从我们的指缝间流过，带走了我们的锦绣年华，逝去了我们的青葱岁月。

作为秦国的实际掌权者，我在秦国的最高峰已经俯瞰多年了。曾经那个初登王位的懵懂少年，此际已经满脸须髯，儿女成群了。

昭襄王羽翼渐丰，登上王位多年的他亦想做一个贤德、有作为的君主。同时，渐渐成熟的他已经开始独立策划各种战事，并且亲历战场，与将士们同仇敌忾。

殊不知，在昭襄王日渐成熟的时候，曾经被我分封的穰侯魏冉、华阳君芈戎、泾阳君嬴芾、高陵君嬴悝，也在秦国的朝堂里各自为政，竞相积攒着各自的势力。其程度也一度影响到了昭襄王的朝堂。而这其中，昭襄王的舅舅魏冉表现得尤为激烈。

在魏冉的眼中，昭襄王的每一次成长，所走的每一段路，无论是当年作为楚国公主的我嫁入秦国；还是武王举鼎绝膑后，诸公子争夺王位时力保昭襄王登上王位；乃至大秦国驰骋于战场上的无数征战，都离不开他的扶持。

尤其是秦国的各类重大决策，都离不开他的鼎力相助，离不开他在其中起的决定性作用。

公元前 293 年，秦国在函谷关一战中大败。秦国的国力由此锐减，举国陷入一片颓废的沮丧中。为了扭转局面，魏冉举荐大将白起和向寿一道领兵攻打韩国和魏国，使秦国成功杀敌二十四万，俘虏魏将公孙喜。

次年，魏冉又和白起率兵夺取楚国的宛、叶两座城邑。此后，魏冉继续率兵进攻魏国，迫使魏国献出河东方圆四百里的土地。其后，又占领了魏国的河内地区，夺取了魏国大小城邑六十余座。

公元前 288 年，迫切想要建立一番功业的昭襄王与齐闵王田地相约，准备互为称帝。但是，称帝之前，由燕至齐的苏秦却极力劝说齐闵王放弃称帝的念头，理由是秦国不过是想借齐国之手来降低本国的风险。齐、秦两国共同称帝，虽然可以强强联手荡平天下，但是，秦国的实力远胜于齐国，当天下真的只剩下秦、齐两国时，秦国灭齐便易如反掌。齐闵王觉得苏秦说的很有道理，便放弃了称帝的念头。

可是，昭襄王一意孤行，依然坚持称帝的主张，且于当年在咸阳宫举办了仪式，诏告天下始称“皇帝”。

当昭襄王向列国发出称帝的诏书，并举办隆重的称帝仪式时，国力尚不足以支撑这个封号的秦国，再次成为了列国的众矢之的。极不服气的齐、魏、韩、燕、赵等国在苏秦的谋划下，准备再来一次合纵伐秦。

战争的号角传来，曾在战场上所向披靡的穰侯魏冉，见昭襄王行事如此草率，加之此时的我疏于朝政的打理，便对昭襄王的所有诏令充耳不闻。而忠于魏冉的大将白起，见主子对昭襄王如此不屑一顾，亦对昭襄王的命令置若罔闻。

昭襄王顿时慌了，年逾三十的他，不得不低着头，跪在我的面前认错。

为了解除危机，在我的一再催促下，昭襄王终于撤销了帝号，派使臣与楚、赵、燕等国重修旧好，并将温、轵、高平等地归还给了魏、韩两国，缓和了秦国与列国的关系。

而此时，因为义渠王的离去，我的头发在一夜之间全白了。因为无心再打理朝政，我逐渐远离了朝堂，每日独自伤怀义渠王的死。

咸阳宫的朝堂，因为我的暂时离去，曾在秦国四度为相，且数度率领秦军攻城略地，并一直唯我的命令是从的魏冉，此刻在朝中的权力越来越大了。并且随着时间的推移，他网罗的党羽越来越多，就连昭襄王的一举一动，每天做了什么事，见了哪些人，发布了哪些诏命，他都掌握得一清二楚。

魏冉曾历经秦惠文王、秦武王、宣太后三朝君主，不仅资格老，而且阅历丰富。一直以来，他只是把昭襄王看作一个傀儡，一个在母亲身边“蹒跚学步”的懵懂孩童。在他的眼中，昭襄王这个外甥太过少不更事。

当人在满足了最基本的温饱等生理需求后，便会进一步要求安全感，还有来自精神上的他人的认可。昭襄王的不成熟，加之我的远离朝堂，便令在秦国做了多年国相的魏冉，不再满足于向别人称臣了。

年近五旬的他，需要更多的成就感。

不愿再受制于昭襄王统治的他，还相约华阳君芈戎、泾阳君嬴芾、高陵君嬴悝在各自的领地里发展自己的势力。

其实，对于魏冉的种种，昭襄王是看在眼里，记在心上。作为有恩于自己的亲舅舅，昭襄王不愿意说破，更不愿意因为这样的小事而泯灭了亲情，并且一直祈望着自己的舅舅能够有所收敛。

有时，一个人的宽容，在对其有所图的人眼中，便是懦弱和无能，代表着有机可乘。对于昭襄王的隐忍，魏冉并没有领外甥的这份情。相反，他愈加无视昭襄王的存在，甚至越过昭襄王、越过我，开始自行封赏了。

公元前 284 年，燕国亚卿乐毅率燕、赵、韩、魏、楚五国大军大举攻齐。同年，力图向外扩张的齐国，也乘燕国内乱，出兵占领了燕都。三年后，新继位的燕昭王广招贤才，励精图治，欲报破国之恨。燕国为辽东偏僻之邦，无力单独向强齐进攻。亚卿乐毅和谋士苏秦便建议燕昭王，利用齐、秦、赵三强争夺宋国富庶土地的矛盾，诱齐灭宋，以此孤立齐国，“举天下而图之”。燕昭王便表面上派苏秦假意事齐，取得齐的信任，实际上则暗中收买了齐王宠臣淳于髡，使齐放松对燕的戒备，向西谋图中原。

由于齐国相继击败了宋、楚、三晋，与各国的矛盾加深。同时，由于燕昭王专注于政治改革，整训军队，燕国一度呈现出殷富、士卒乐战的新局面。

为洗雪前耻，燕昭王加快了与各国合纵攻齐的步伐。他先是命乐毅出使赵国，促成燕、赵两国订下攻齐之盟；同时又令乐毅通过赵国联络我们，并派使臣剧辛与楚、魏两国联络。如此，燕昭王很快与列国结成了强大的合纵攻齐联盟。

此一役，由我们参与的五国伐齐战略给了齐国沉重的打击。齐国也因过早地集中主力与强大的联军作战，致使内外矛盾加重，险些亡国。

作为获胜的合纵国之一，秦国虽然从齐国得到了巨大的赔偿。但是，秦国对齐出兵的所有行动，却是魏冉自作主张、自行调兵，未经任何人的允许而擅自前往的。并且，决胜后的他，并没有将赔偿上缴秦国国库，不仅夺了齐国的陶邑，还为自己封了赏，将陶邑变为了自己的领土。

王的权力就这样被人架空了。臣强主弱的朝堂，必定使国家不能长久。昭襄王闻之，气愤不已。

这就好比一棵树，如果枝桠过于强壮，那么必会使主干失去作用。此前，因为秦国三代君主的不断封赏，魏冉已然富可敌国了。加之他的党羽遍布整个咸阳宫，而且，大将白起十五岁时便跟随魏冉一起出生入死，而白起因感念魏冉的知遇之恩，一心作战，无意于庙堂之争。故而骁勇善战的白起便成了魏冉手里的一把利器，不论是战场上，还是秦国的王宫里，都令人闻风丧胆。

这时，从魏至秦的范雎便故意嘲讽昭襄王，说秦国没有王，只有穰侯魏冉和宣太后。昭襄王自然明白范雎的话中之意，接连五次跪拜，才将他拜为秦国的客卿，专门为自己出谋划策，以实现秦国的中央集权。

有了范雎的帮助，昭襄王废除“四贵”和太后权力的决心更加坚定了。一场看不见的硝烟开始在咸阳宫里弥漫，源自亲人之间的争斗，一如置于弦上的利箭，一触即发。

昭襄王的决意，我亦在竭力抵制。

可是，魏冉等人分散秦国王权的行为，无异于在使秦国走上舍本逐末的倒退之路。对秦国各部势力的现状坐视不管，等待秦国的便是王权被分化，政权分崩离析。

不管什么样的人，有着怎样的人生，其实都是一个舍与得的过程。当我们走在权力的巅峰时，必定会与无人附和的孤寂为伍；当我们拥有富可敌国的财富时，唯恐失去、担心别人窥视的惶恐也会随之而来；要想在秋天收获丰硕的果实，必不能与慵懒、懈怠为伍。

有舍，才会有更大的得。秦国历经数辈先贤的励精图治，方才有了今天些许浅薄的基业。为了秦国的明天，使其早日东出天下，处在人生暮年的我，决意放权了。

不再被母亲的权力所束缚的昭襄王，首先以不履行大王之令、拒不交出虎符为由逮捕了向寿，并用武力镇压了试图兵变的魏冉。其弟嬴芾同样想举兵造反，昭襄王便以秦要与魏结盟为由，将其派至魏国做了人质，其相位也由客卿范雎接替。我的同父弟弟芈戎深知难逃昭襄王的责罚，在昭襄王未向自己举兵之前，便称病回到了华阳，隐逸于山野，从此不知所踪。

偶遇丑夫

善于留白，人生的路才会更宽广

虽然退出朝堂后的我，依旧被尊称为太后，依旧一如既往地受到人们的顶礼膜拜。但是，远离了朝堂、褪去了王袍的我，心态全然不是先前的激进、愤懑了。

自从没有了政务的繁忙，回忆便如潮水一般，占满了我的整个世界。故去的人，曾经的事业，如同炫目的巫舞一般，一出一出地在我的脑海里上演。

我时常做着同一个梦。梦里，有大王为了秦国的基业鞠躬尽瘁的憔悴身影，有病中的大王因为义渠王的出现，对我醋意甚浓的忧郁眼神，更有痛苦无比的义渠王在我怀中伤怀的声音。他们一并交织在我的脑海里，像魔爪一般时刻都在摄取着我的心。

古者天子后立六宫，三夫人、九嫔、二十七世妇、八十一御妻。男人可以娶了又娶，可是女人却不能。不论是做了别人的妻，还是妾，女人都要从一而终，一生一嫁。

虽然在这个男女观念混沌不堪的年代里，守寡的我与义渠王媾和，并与他生养两个孩子一事，被当时的人们视作平常事；虽然身为秦国女主的我，用我的美丽满足了义渠王的情爱，义渠王则用他的权杖换来了秦国边境暂时的安宁，为秦国的进一步发展赢得了宝贵的时间——我与义渠王的交往，充满了权利与美色的交易。但是，这种没有思想交流、亦无心灵碰撞的媾和，却从对方那里各取所需，得到了各自想要的。

好女不嫁二夫，忠臣不事二主。这样的交往，虽然令秦国的大后方暂时保得太平，但是在我的内心深处，却充满了对大王和自己的负罪感。

我并非无情之人，三十载的朝夕相处，早已将我和义渠王融化成难以割舍的亲人。而无情的岁月，也早已将一对意气风发的年轻人，变作了身形佝偻、沟壑纵横的耄耋老者。

自从有了孩子，义渠王亦对我寸步不离，并放弃了义渠的大好前途，与我终日相伴。

对于这样一个对我用情至深且为我付出所有的男人，我亦心生感动，尤其是与他接连生养了两个孩子以后，我便在尝试着接纳他，对他不再冷漠。并且打算着，令我和他的两个孩子成为义渠的王，如此兵不血刃，便可将其归为秦国的领土。而我与他，就这样苟且着度过余下的生命。

只是，"以利相交，利尽则散；以势相交，势败则倾；以权相交，权失则弃；以情相交，情断则伤。"这种建立在利用之上的爱情终不能长久。

当我放弃顾虑，尝试着让自己接纳义渠王的时候，我与义渠王的两个孩子却在一场席卷整个义渠的瘟疫中夭折了。

远离了王位，曾经为秦国的大业劳心劳力的喧嚣世界，顿时变得安静了。时光流转中，我不再是那个一人之下、万人之上，决定他人命运的人主。

仅仅一度光阴，曾经奴仆林立的王宫里，便只剩了我自己。

每个人的人生，都会经历懵懂的初始，激昂的青春，坎坷的中年，以及步入暮色的老年。没有谁的人生会一马平川，更没有谁会在光环

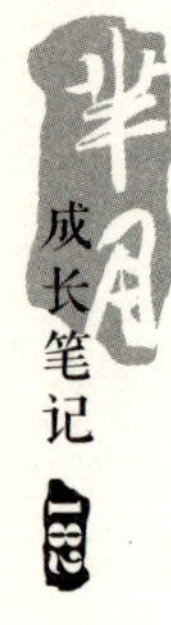

的照耀下永远闪亮下去。

这便是我的人生。以退为进的驻守，不仅使大秦国注入了鲜活的动力，使我的儿子有了更为宽广的施展空间，亦使我自己在人生暮年的时候，终于有了属于自己的时间来回味过往，享受难得的天伦。

彼时，我的寝宫依旧节俭。除了满室的笔墨，便是一个置于我寝宫中央的茶炉。伴着缭绕的茶香，我在宫中独自一人伤怀着往事。

没有了政务烦扰的我，时常用作诗来怀念我与大王的时光。或者手持串珠，闭目凝思，一任自己空白的大脑在静谧中感受时光渐渐流逝的步子。

偶尔，我的儿孙们，抑或是昭襄王的王后和嫔妃，也会带着平素我爱的吃食，我喜欢看的书籍，以及他们为我挑选的衣物来向我问安。

面带微笑的她们，询问我的吃住情况，并陪着我烹茶、读书，同时，她们还装模作样地指示着下人，要用心照顾我的起居，凡事要以老太后的命令行事。

她们的到来，令我清冷的宫闱顿时充满了生机，使我感到了难得的天伦之乐。只是，这样的热闹，仅仅只是短暂的一瞬。当她们离开后，我的周遭又会被潮水般的孤寂所淹没，我的寝宫又会再次归于当初的清冷。

人，如果能永远地保持青春该多好啊！这样，我们便能和所爱的人长相厮守，且将每一段精彩的时光定格为永恒。

可是，大王走了，当我们母子还在燕国做人质的时候，大王连一句“再见”都没来得及说，便不辞而别了；一直视我们为死敌的惠文后，亦在昭襄王登上王位后，不顾我的挽留，固执地追随着大王的脚步而去了；义渠王无怨无悔地陪伴了我若许年，但是最终一杯绝情的毒酒，不得不使我们阴阳两隔。

还有我的恩公张仪，誓死效忠于我的穰侯魏冉，以及我的兄弟芈戎、向寿，也都在时光的洗礼中，因为这样或那样的缘故，在与我渐行渐远。

那条来时的人生之路，原本吵吵嚷嚷。如今越走曾经的故人越少，最终只留下我孤身一个人。

当我的世界再无他人的时候，一个名叫魏丑夫的男人出现在了我的面前。

或许，在权利的光环之外识人，才能看得更准、更真切。此际的我，依然沉浸在过往的回忆里。这日清晨，许久不见阳光的窗外，终于投进来一缕难得的阳光。习惯早起的我便对着那面破旧的铜镜，用篦子无心地梳理着颈上的长发。

不知是镜面过于昏暗，还是我的老眼昏花，借着朝阳，我竟然从镜子里看到了一缕雪一般的白发。

曾几何时，铜镜中那个原本面容清秀、身材修长、头发乌黑的女子不见了。取而代之的，是一个皮肤松弛、身形佝偻的苍老妇人。而且，我的头发还打成了结，一缕一缕地缠绕在一起，怎么梳也梳不开。于是，我不得不吃力地用篦子一根一根地理顺。再仔细察看我头发的颜色，往日乌黑发亮的光泽不见了，满头的青丝皆被雪一般的银发所取代。

时光真的如一把锋利的尖刀，顷刻间就削去了人的青春年华。汹涌的孤寂夹杂着无力阻挡的苍老，令我哀伤不已。我愤怒地用袖子拂去面前的胭脂水粉。

“太后这样的银发，其实也挺美的。人在不同的年龄，便有不同的气质。太后此时的美，是一种成熟的美呢！”正在我愤懑不已的时候，身后突然响起了一个陌生的声音。

我转过身去，眯起眼睛才发现，我的内侍陈公公不在我的身边，取而代之的是一个身材魁梧的年轻人。他虽然面含羞怯，但却英气逼人。

我又看看四周，除了他，再无他人。于是便好奇地问："陈公公怎么没来？你是何人？"

"回太后，陈公公今日临时有事，所以特地差奴才代他陪太后一日。"

年轻人不紧不慢的回答，令我的怒气顿时消了不少。见我的神情有所缓和，年轻人又自告奋勇地说："让奴才来替太后梳头吧。"

不待我回答，他已经放下手里的拂尘，接过我手中的篦子，靠在我身边认认真真地梳了起来。他麻利地为我挽了一个高高的垂云髻，又为我换上了一身绛色的丝织曳地长袍。

也许是因为好奇，不再生气的我，就这样任凭年轻人为我涂脂傅粉、穿袍束带。仅仅片刻工夫，曾经老气横秋的我，再次出落成了一个朝气蓬勃的青春女子。

我好奇地询问他的名字，他的来历，他都微笑着一一作答。

他名叫魏丑夫，但其实他生得并不丑。不仅不丑，而且面容俊秀，身材魁梧，与逝去的义渠王颇有几分神似。

为了能在人生的记忆里找寻点什么，我破例与这个年轻人聊了很久。

人生、理想、我与他各自所走过的道路，每一个话题，我们仿佛都是对方最忠实的听众，抑或是最忠实的见证者。

在人性的博弈场上奋战了许久后，便渴望着用一湾宁静的心湖来盛装我的疲惫，洗去尘世里的污垢。

魏丑夫的无所图，还有他的善解人意，犹如春日里的一缕清风，唤起了我沉睡了已久的记忆。

或许，是他的蓬勃朝气感染了我，和他聊天，使我感到了从未有过的轻松。从此，这个名叫魏丑夫的年轻人便取代了陈公公的位置。

他成了我的内侍，与我终日相伴。他陪着我在宫中读书写字，在花园里侍弄花草。得到魏丑夫，从此我便恨春光太过短暂，恨容颜消逝得太快，恨人间只见鸳鸯不见神仙眷侣。

当一个人在权力的巅峰独自前行了很远，便鲜能看到人的真实一面了。因为有所求，我们所看到的不论是何者，总是一副沾满渴望的面具在与我们笑脸相迎。而这样的笑脸相迎，目的不是我们本身，而是我们手中的权力，可以决策他们命运的那支权杖。

与魏丑夫相处，令我一度沉浸在恋爱的幸福里。不能天长，能够地久也好。人生的最后黄昏时分，有一个意气相投的人相依相伴已经令我分外满足了。

但是，忽有一日，我病了，病得将要死去。迷离的时候，我希望与我朝夕相伴的人随我一同而去。遂命人拟了诏书称："如果有朝一日，我死去了，一定要我的大臣魏丑夫为我殉葬。"

不能同年同月同日生，却能同年同月同日死。本以为，我的这一决定，会令丑夫高兴不已。岂知，他却吓得面如土色。不想死的他还在朝中悬赏百金，四处招募说客，企图来说服我，让我放弃用他作陪葬的想法。

人们怕惹祸上身，都不敢应承。而为了活命，魏丑夫的赏金也增到了十万金。这时，一个名叫庸芮的人见赏额巨大，便站了出来，冒着生命危险问我："太后，您知道人死后会有知觉吗？"

我迟疑了一下，随口答道："当然没有。"

"既然没有，您把活人带到地下去陪您，又有何意义呢？"庸芮的话，着实令我一惊。

庸芮见我不言语，便继续道："如果人死后有知，您和魏丑夫的交往定会使故去的大王不满。到时，大王怪罪于您，用魏丑夫来殉葬又有何意义呢？"

其实，我并非被庸芮的话触动而改变了决定，而是听闻魏丑夫为了拒绝与我同生共死，不惜花费巨资寻觅说客，而灰了心。原来，这种不带政治色彩的爱情，也是建立在权力、金钱以及荣誉之上的等价物。

我们在哇哇的啼哭中来到人世，后又在亲人的哭泣中离去。纵使相爱的人，曾向你许下过怎样的山盟海誓，也只能陪着你走过某一段路，终要离你而去。余下的路，不管是谁，不管爱得有多深，最终都要靠自己去走。

秦俑铸魂

再回首，方知谁是百年人

公元前265年，秦昭襄王依旧在以强大的姿态，施行着远交近攻的策略，继续向列国扩张。

在昭襄王的率领下，秦国先后攻下了赵国的石城、代郡光狼城等六座城池；攻占了楚国的汉水、上庸、黔中、鄢城、邓县、西陵，以及国都郢都，迫使楚国迁都陈郢；攻占了魏国的温城、怀城、大梁、南阳等十六座城池，占领并一举断绝了太行山道。

同时，在秦国国内，昭襄王整饬朝纲，严肃军纪，重用贤能。为解决秦国内部公子专权的弊端，昭襄王在入魏为质的原太子客死他乡后，改立次子安国君嬴柱为太子。

岁月荏苒，不论是谁，如何位高权重，终有黯淡的时候；不论男女，有着怎样倾国倾城的容颜，也有老去的一天。

一连数日的连绵细雨，使我在寝宫里病了许久。以至于过了几时几日，我亦无从知晓。

当我的病稍微有所好转的时候，我颤抖地拿起笔，将我和我的国家的故事一一记录了下来。

不是为了给自己树碑立传，亦不是为了扬名后世。我只是想用我的亲身经历告诉我的子孙，尤其是我的孙女儿们，身为女人，在这个纷繁复杂的人世间好好地活着，是多么的不易。

我知道自己即将不久于人世。

为保逝者的亡魂冥福不散，在我们那个时代，人主驾崩，是要用妻妾、侍仆等活着的人，或将俑、财物、器皿等一同与逝者埋葬，使其将今生的福泽带到来世享用的。

周幽王的坟冢丈百尺，殉葬的宫婢、妃妾多达百余人。秦穆公暴卒，葬于雍阳，从死者百七十七人，其中，奄息、仲行、针虎三位秦国良将亦在其列，意为护佑其到地下的王位及安危。

魏丑夫的惊恐，以及人类对生命的渴望，最终使我放弃了用活人陪葬的风俗，而改用巨大的陶俑、陶车马、陶制兵器等与我为伴。

为了使我的子孙后代长盛不衰，力保大秦国的江山永固，阻止列国及游牧民族的侵扰，我延续着大王在世时便破土修建的秦国长城。同时，在骊山的山下，亦在修建我的坟茔陵寝。

我采用陶冶结合的方法，先用陶模做出初胎，再覆上细泥，进行加工刻画加彩。或者将俑的各部关节先烧后接，或者先接后烧，制成一尊尊手执弓、弩、箭镞、铍、矛、戈、殳、剑、弯刀和钺等青铜兵器的武士俑；塑成身穿铠甲，身带护膊，腿扎行藤，并配备战车的车兵俑、将军俑、步兵俑。

兵俑和陶马一律高数尺，战车亦与实用车辆大小无异。俑坑面积达万余平方米，容纳俑士、战车万余件。不论是每一辆战车，还是每一个兵俑，它们都神态迥异，驾车的御手俑，正双臂前伸，手握辔绳，如要蓄势待发；曳车的陶马，两耳竖立，双目圆瞪，有的在喷鼻嘶鸣，有的在跃跃欲试；骑士俑则机警地立于马前，一手牵马，一手持弓，只待秦王一声令下，他们便策马而去，驰骋于纷乱四起的战场上。其磅礴的气势宛然气吞山河。

修建兵马俑，人力、物力、财力耗费巨大，且需要数代君主的不断努力才能完成。因此，我不得不每日从病榻上起来，然后拖着老朽的身躯，亲临兵马俑的修建现场。

绵延数里的骊山下，工匠们发出的凿刻声响彻云霄。从他们巧夺天工的手中，一件件神情各异、姿态万千的兵马俑夺目而出。

我欣慰地走在制成的兵马俑当中，一种油然而生的欣喜溢满心头。这只是一个开始，兵马俑的阵容一如大秦国不断发展的态势，还需昭襄王以及昭襄王的子孙们不懈努力、不断完善，才能成其规模。

为使秦俑的建造能够继续延续下去，我令工匠在一尊武士俑的臂膀上刻下一个清晰的“芈”字。我要让这个代表楚国、代表我的家乡的字，永远地与秦国、与战国战场上的诸侯列国融为一体。